博物馆里的考古大发现丛书

# 海昏侯墓室谜团

科影发现/编

中国科学技术出版社
·北京·

**科影发现**

中央新影集团下属优质科普读物出版品牌，致力于科学人文内容的纪录和传播。团队主创人员由资深纪录片人、出版人、文化学者、专业插画师等组成。团队与电子工业出版社、清华大学出版社、机械工业出版社、中国科学技术出版社等国内多家出版社合作，先后策划、制作、出版了《我们的身体超厉害》《不可思议的人体大探秘：手术两百年》《门捷列夫很忙：给孩子的化学启蒙》《小也无穷大》《中国手作》《文明的邂逅》等多部优质图书。

## 科影发现系列丛书总编委会

主　　任：张　力　池建新

副 主 任：余立军　佟　烨　刘　未　金　霞　鲍永红

委　　员：周莉芬　李金玮　任　超　陈子隽　林毓佳

## 本书编委会

执行主编：周莉芬

成　　员：王雪丹珺　张　阳　刘　蓓　张　鹏　林毓佳
　　　　　樊　川　　郭　艳　赵显婷　孙艳秋　郭海娜
　　　　　宗明明

版式设计：赵　景　陈　飞

图片来源：北京发现纪实传媒纪录片素材库
　　　　　图虫网　123图片库

# 序

西汉，中国古代最强盛的王朝之一，强盛的王朝自然不缺强悍的皇帝。在这个金碧辉煌的帝王谱中，只当了27天皇帝就被废黜的刘贺几乎可以被忽略了。他连谥号都没有，后人在谈到他的皇帝身份时，只能称其为"汉废帝"。

史书中关于他的记载，多出现在别人的传记中，提及他多是"以淫乱废"，而其他关键信息却被简略或模糊带过，让人无法看清这段历史的真相。

刘贺的一生，可谓是跌宕起伏且十分奇葩。他在世仅33载，却先后经历了王、帝、侯3种身份的转变。他是暴病而亡，还是发生了什么了意外呢？他在位仅27天，却足足做下了1127件荒唐事，平均算下来，他一天得做40多件坏事。历史上的刘贺真的这么"人嫌狗憎"吗？他究竟是一个怎样的人？

自从在那场速战速决的宫斗中完败于大将军霍光之后，刘贺的政治生命就结束了。关于他为何被废黜，有人说，因他做尽荒唐事，不堪担当大任；也有人说，他纯粹是权力斗争的牺牲品，被废不过是早晚的事情。

而在被废黜后，他又是怎样在汉宣帝和霍光的忌惮、监视下度过人生后15年的？平日里的他又是怎样的？海昏侯国究竟在哪里？它又是什么时候消亡的？

直到南昌西汉海昏侯墓被发现，那段短暂而跌宕起伏的历史，在尘封了2000多年之后再次被翻腾出来。他的墓室宝藏无数，全国为之震惊：10余吨五铢钱，数以千计的木简，包括金器、青铜器、铁器、玉器等在内的两万多件珍贵文物的发现。为何他的墓室会有如此多的宝藏？难道，刘贺决定反了这天下？

千百年来，人们对"汉废帝"的各种猜想，或许，只能走进海昏侯墓遗址，去这座古墓中寻找答案了。在这座神奇的古墓中，去发现藏在时间谜团中的那段汉代历史，去了解刘贺奇葩而荒唐的短暂一生。

## 黄金宝藏 —— 052

- 顶级考古团队全程助力 —— 054
- 主椁室的秘密即将揭晓 —— 056
- 关键证物出现，墓主人身份呼之欲出 —— 064
- 主椁室西室出土罕见金器 —— 071
- 主棺开启，出土黄金总量令人瞠目 —— 078

## 墓主寻踪 —— 090

- 为墓葬建文物保护实验楼 —— 092
- 关键证物印证专家推测 —— 094
- 给沉睡2000多年的海昏侯墓「搬家」 —— 100
- 揭秘海昏侯墓历史之谜 —— 104
- 墓主人刘贺的人生悲歌 —— 112

# 目录

## 南昌汉代海昏侯国遗址博物馆 —— 010

### 发现奇墓 —— 012

- 墎墩山惊现盗洞 —— 014
- 考古员深入盗洞 —— 018
- 顶级考古专家组奔赴现场 —— 023
- 考古队正式展开勘探发掘 —— 030
- 大量宝贵文物陆续出土 —— 038
- 墓园规模和豪华程度令人称奇 —— 050

## 死亡密码

从牙齿提取DNA鉴定，能否揭秘死亡密码？——136

刘贺至死没能享用金缕玉衣礼遇——138

辨析简牍，揭秘刘贺返京祭典心愿——140

克己复礼，以求自保——144

身遭监禁仍心存幻想，被罚削食邑三千户——151

33岁突然离世，死因有待探寻——160

## 考古奇观

墓中惊现2000多年不腐香瓜子——164

是意外食物中毒，还是被蓄意谋害？——166

刘贺之死是否与汉宣帝有关？——168

剥茧抽丝，探得刘贺死亡真正秘密——170

沉睡2000多年的海昏侯墓，备受世人瞩目——173

183

192

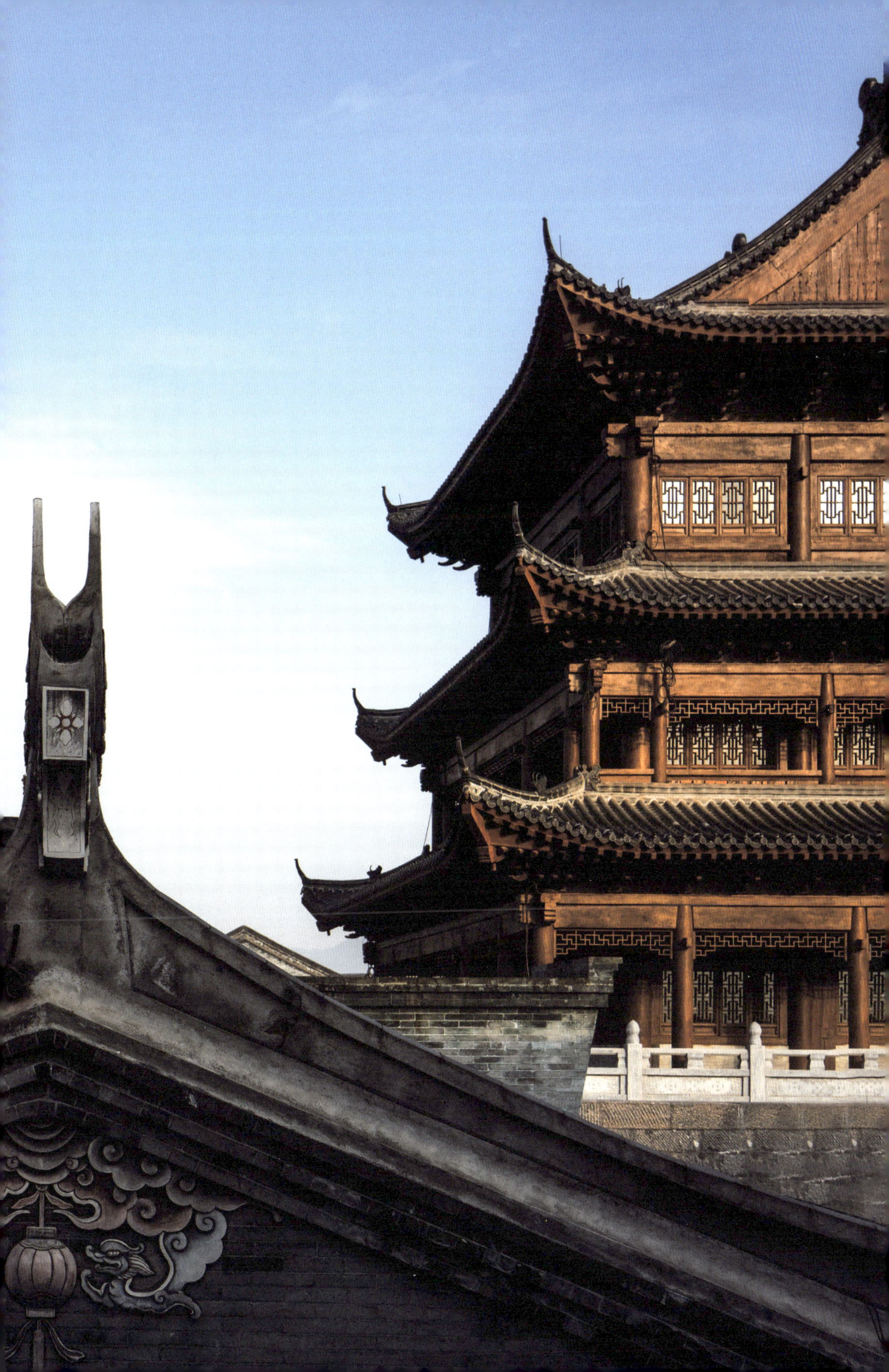

# 南昌汉代海昏侯国遗址博物馆

南昌汉代海昏侯国遗址博物馆，依托汉代海昏侯刘贺墓建立。

刘贺（约公元前91—前59年）是汉武帝的孙子，封号昌邑王。汉昭帝驾崩后刘贺继承皇位，在位仅27天便被大将军霍光废黜，史称"汉废帝"。公元前63年，刘贺被汉宣帝封为海昏侯，在南昌以北的豫章郡海昏县建立侯国。

2016年，海昏侯墓入选"全国十大考古新发现"，同年成立了南昌汉代海昏侯国遗址管理局和遗址博物馆。

刘贺墓园占地面积约4.6万平方米，包含两座主墓、七座祔葬墓、外藏坑、祠堂、寝殿等。出土文物有金器、青铜器、铁器、玉器、漆木器、陶瓷器、竹编、草编、纺织品、竹简和木牍等，其中以金器为最大亮点，478件金器总重量超过115千克，为中国考古史之最；5200余枚简牍，以儒家经典及其训传为主，推测是刘贺生前阅读的书籍。2011年迄今，刘贺墓共发掘出土各类文物超过1万件（套），是迄今发现保存最完整的汉代列侯墓葬。

刘贺印

　　和田白玉质，边长 2.13 厘米、高 1.57 厘米，为汉代常见的方寸之印。印纽为螭，首呈三角形，曲耳，弯眉鼓眼，尖嘴，分支丝束长鬣毛，躯体呈 C 形，身饰鳞状纹，尾卷曲；螭腹下方钻成扁圆形孔；印面为正方形，左右等分阴线篆刻"刘贺"二字。

# 发现奇墓

一个小小盗洞，牵出震惊世界的千年汉墓。
一个千年灯盏，证实曾有盗墓贼觊觎墓葬。
汉墓十墓九空，这座墓究竟有没有被盗掘？
10余吨铜钱山，究竟属于汉代哪位诸侯王？

## 墩墩山惊现盗洞

江西省南昌市新建区观西村，是一个僻静的小山村。村里有座墩墩山，当地人都非常熟悉，四周平坦，中间突然隆起的小山包就是墩墩山，看上去像一个倒扣的梯形巨斗。

春节刚过，江西农村家家户户还都沉浸在节日的气氛中。一位52岁的观西村村民负责春节期间的值班工作，这天值班

结束，他像往常一样，走在回家必经的山路上，四周偏僻漆黑，路人稀少，正当他急匆匆往家赶时，路边忽然闪出几个黑影，吓了他一跳。

他依稀看到前面有六七个人，上前询问后，这些人说是抓野兔子的，他当时并没有多想，就让他们赶快回家了。没想到，第二天晚上、第三天晚上，接连有一伙人来这里。他感到蹊跷，这些人到底是来干什么的？

今天的江西农村

更奇怪的是，接下来的十几天里，一到深夜，村里的狗都会莫名地叫起来，叫声此起彼伏，闹得他彻夜难眠，不免想起那几个黑影来……

这天，他又看到家对面的山头有异样，便叫上几个村民上山查看。令人意想不到的是，他们竟在山头发现一个深不见底的大洞，洞口的土明显是新挖的。

村民们都知道墩墩山是传说中的古墓，会不会是有人来盗墓了？村民们把这个消息报告了当地考古所，考古员接到消息后便急匆匆地出发了。

乡间夜晚

· 发现奇墓 ·

## 考古员深入盗洞

### 一架辘轳车开启探险之旅

来到墰墩山现场,考古员们认为这很有可能是一个大型盗洞。情况紧急,他们当即决定深入盗洞一探究竟。然而面对黑黢黢的洞口,即使有多年考古经验的考古员,也难免心中打鼓。

盗洞深不见底,根本无法直接下去。

· 发现奇墓 ·

考古员借助辘轳车下盗洞

墎墩山

黑黢黢的洞口

考古员急中生智，找来一个当地打井的师傅，借助他的辘轳车来帮助自己下到盗洞里。

一根井绳，一只破筐，不仅承载着考古员的体重，也承载着他所有的焦虑和风险。事后想起来，这位考古员还是一身冷汗，当时没有任何防护设备，这种做法的确有些冒失。

当考古员刚下到三分之一左右的深度，就闻到了一股不同寻常的香味。如此奇特的香味，这个墓肯定不一般。

海昏侯墓室谜团

## 继续深入盗洞，追寻异香来源

莫名的香味顿时引起了考古员的好奇，无论盗洞下面是凶是吉，他都要继续深入。当考古员几乎被黑暗覆盖、头上的井口变成小小的亮圈时，他靠手电的微光隐约看到洞底下好像有东西。

此时考古员所在的深度已接近15米，相当于五层楼的高度，越往下，香味越浓烈，有多年考古经验的考古员判断，香味很可能是从墓穴里传出来的。深埋地下多年的古墓要么没有味道，要么就是腐朽的霉味，这座墓为何会发出奇特的香味？考古员之前从未遇到过这种情况，他推断，这里很有可能是一座高等级的古代墓葬。

盗洞下面被水浸泡

盗墓者留在洞口的木炭、白膏泥和沙土

洞下的光影

考古员发现盗洞下面全是水，而且出现了被盗墓贼锯断的樟木，大概有五层，他马上用相机拍下了当时墓葬被盗情况的第一张照片。

回到地面，考古员既兴奋又紧张，奇异的香味表明这可能是一个高等级的贵族墓葬。但是，从盗墓者留在洞口的木炭、白膏泥和沙土上看，这个贵族的墓葬很可能已经被盗，陪葬的部分文物很可能已经被转移了。

当务之急，是判定这座墓葬的等级，向国家主管部门申请抢救性保护。

经过逐级快速汇报，国家文物局考古研究中心接到了江西省考古所的公函，并组织相关部门召开会议，立刻派遣考古顶级专家组以最快的速度到达现场，确认墓葬等级。

海昏侯墓室谜团

· 发现奇墓 ·

## 顶级考古专家组奔赴现场

### 墓葬发掘保护，迫在眉睫

专家组通过对现场细致观察后，对整个墓地的情况做出判断，决定暂不发掘，先进行大规模钻探，摸清墓园的范围、内涵，然后再对墓园进行总体发掘。

一周后，国家文物局专家组到达，考古处领导和专家组开始现场调研。

就在专家组到达盗洞现场的时候，有消息称当地古玩市场有人在贩卖黄金龙头的文物，龙头乃是皇家贵族的专属物品，考古队不禁猜想，这些文物很有可能来自盗洞。情况十万火急，如果再不对现场进行发掘保护，不知道还会有多少文物被盗掘。

很快，国家文物局正式下文，批准对此墓进行考古发掘。

古玩市场

海昏侯墓室谜团

## 覆斗式墓葬，西汉皇家墓葬的标配

　　经过勘察，考古专家发现这个位于墎墩山的墓葬并不是一个独立的墓葬，而是一个墓园，占地4万平方米。如此巨大规模的墓葬群，在中国的考古史上实属罕见。这究竟是一座什么样的墓葬？盗墓者又是怎么发现这个墓葬的呢？

俯瞰墎墩山墓葬园

墎墩山的墓葬园占地4万平方米，像一个倒扣的梯形巨斗

汉阳陵南阙门遗址

  盗洞所在的小土丘就是古墓的封土堆，是一座大坟包，像一个倒扣的梯形巨斗，也就是所谓的"覆斗"。

  在中国的古代，墓葬分为三类：一种是宝城宝顶式，多见于明代；一种是以山为陵式，唐宋时期盛行；还有一种便是覆斗式，常见于秦汉，尤其是西汉皇家墓葬的标配。

  专家组根据出土的建筑材料，特别是瓦当，以及一些板瓦，初步判断这有可能是西汉中期偏晚段的一座贵族墓葬。

海昏侯墓室谜团

汉墓马王堆出土的香熏炉

汉墓马王堆棺木

026

广州南越王墓

## 汉墓发掘"十墓九空"

汉朝帝王、诸侯非常重视修建坟墓，从帝王继位的第二年开始，就开始修建寿陵，寿陵里面多埋葬珍宝，约占国家财力三分之一的贡赋用以修建寿陵。西汉时期，整个墓葬里面，尤其高等级贵族墓葬厚葬之风非常盛行。

因为古人讲究"事死如事生"，所以往往会将生前的生活复制到地下世界，随葬墓主生前所爱之物，帝王将相的陵墓陪葬尤其奢华。由于统治阶级的导向作用，加上儒家孝道思想的推行，所以汉墓葬普遍厚葬，这也导致汉墓被盗掘的情况屡屡发生。

发现这座墓葬之前，经过考古勘探、清理发掘的西汉诸侯王墓就有58座，未被盗掘过的汉墓屈指可数——仅有满城汉墓、长沙马王堆汉墓和广州南越王汉墓，所以考古界就有了汉墓"十墓九空"的说法。

从秦始皇统一中国到汉代，中国的政治中心都在北方。江西南昌地处长江以南，汉代的哪位显贵会生于斯、葬于此呢？

考古人员在《汉书》中还真找到一位落户南昌的西汉列侯——海昏侯。也许，这座大墓就是某位海昏侯的墓葬。这座海昏侯墓葬究竟能否躲避汉墓"十墓九空"的命运呢？

汉代海昏侯国遗址公园

· 发现奇墓 ·

一号墓和二号墓位置

## 考古队正式展开勘探发掘

### 盗墓贼猖獗，墓葬命运堪忧

根据专家的意见，国家文物局对这次发掘做出了具体指示：第一，马上成立考古队，进入现场；第二，细化考古方案。考古工作不仅包括古墓及陵园遗址发掘、文物现场保护，而且要搞清墓园范围、周边古墓群的相互关系等。

随后的两周内，考古专家对古墓进行了大范围摸底勘察，一个月后，考古勘探队

·发现奇墓·

一号墓构造

正式展开勘探发掘。不久，考古勘探队就在紧挨着封土堆的旁边一个土坡上，又发现了另一个盗洞，气氛一下子又紧张起来。

考古队把最先发现盗洞的墓命名为"一号墓"，随后发现盗洞的墓命名为"二号墓"。大家满怀信心地发掘，可是一点点地挖下去，结局却令所有人失望。二号墓已经被盗墓贼疯狂盗掘，之前在市面上有人贩卖黄金龙头的传言，让考古队感觉到，很可能与二号墓被盗有一定的关系。考古队不免沮丧，一号墓会不会跟二号墓一样被盗掘过呢？

盗墓者在顶层樟木锯开一平方米大小的洞口

海昏侯墓发掘现场

## 盗墓者的"专业"程度令考古人员瞠目

考古队员把表层封土清除后,一号墓终于露出真容。这是一座甲字形大墓,总面积约400平方米。和大墓同时显现的,还有那个令考古人员提心吊胆的盗洞。人们吃惊地发现,盗洞的位置几乎分毫不差地落在主墓上方的正中央,盗墓者的专业程度,不由得让见多识广的考古人员也大吃一惊。

更可怕的是,盗墓者已经用电锯锯开了顶层的椁木。1平方米大小的洞口,一个正常身材的人完全能够进入墓穴,这一发现刺痛着考古人员的心,一号墓真的也被盗墓贼盗掘一空了吗?

实际上这样的墓葬,不仅是现代盗墓贼,在古代的时候盗墓贼也盯上了它。在考古队发掘的时候,可以看到在封土的夯层上面,有大大小小十几个不等的盗洞。

随着封土不断被清理,考古队看到一个又一个盗洞,心情也是起起伏伏。在主墓的西北角有个盗洞,已经对墓葬造成了相当程度的破坏。

海昏侯国遗址博物馆

## 海昏侯墓室谜团

### 一个一千年前灯盏，证实了墓葬已遭盗贼觊觎

更令人惊讶的是，考古人员在盗洞中发现了一个上千年前的灯盏，这显然不是墓葬本身的物品，而是古代盗墓者遗弃的，尽管今天它也成了文物的一部分，但谁又能知道，古代盗墓贼们究竟偷走了多少墓葬中的文物？随着考古人员的进一步探寻，他们意外发现，盗墓者的脚步在主墓外回廊存放衣物的地方停住了。盗墓贼倒腾一番后，居然没有继续盗掘就离开了。

西汉彩绘雁鱼青铜釭灯

西汉带轱辘水槽的陶井

·发现奇墓·

是什么原因让他们费了九牛二虎之力后又离开了呢？考古人员分析，墓葬中已经腐烂的绫罗绸缎在盗墓贼看来一文不值，吸引盗墓者眼球的只有金银珠宝。所以，在看到大量的衣物时，盗墓贼并没有进行仔细的寻找。另外，考古人员深入主墓后发现，墓中很多地方都已经倾斜坍塌。

西汉青铜染器

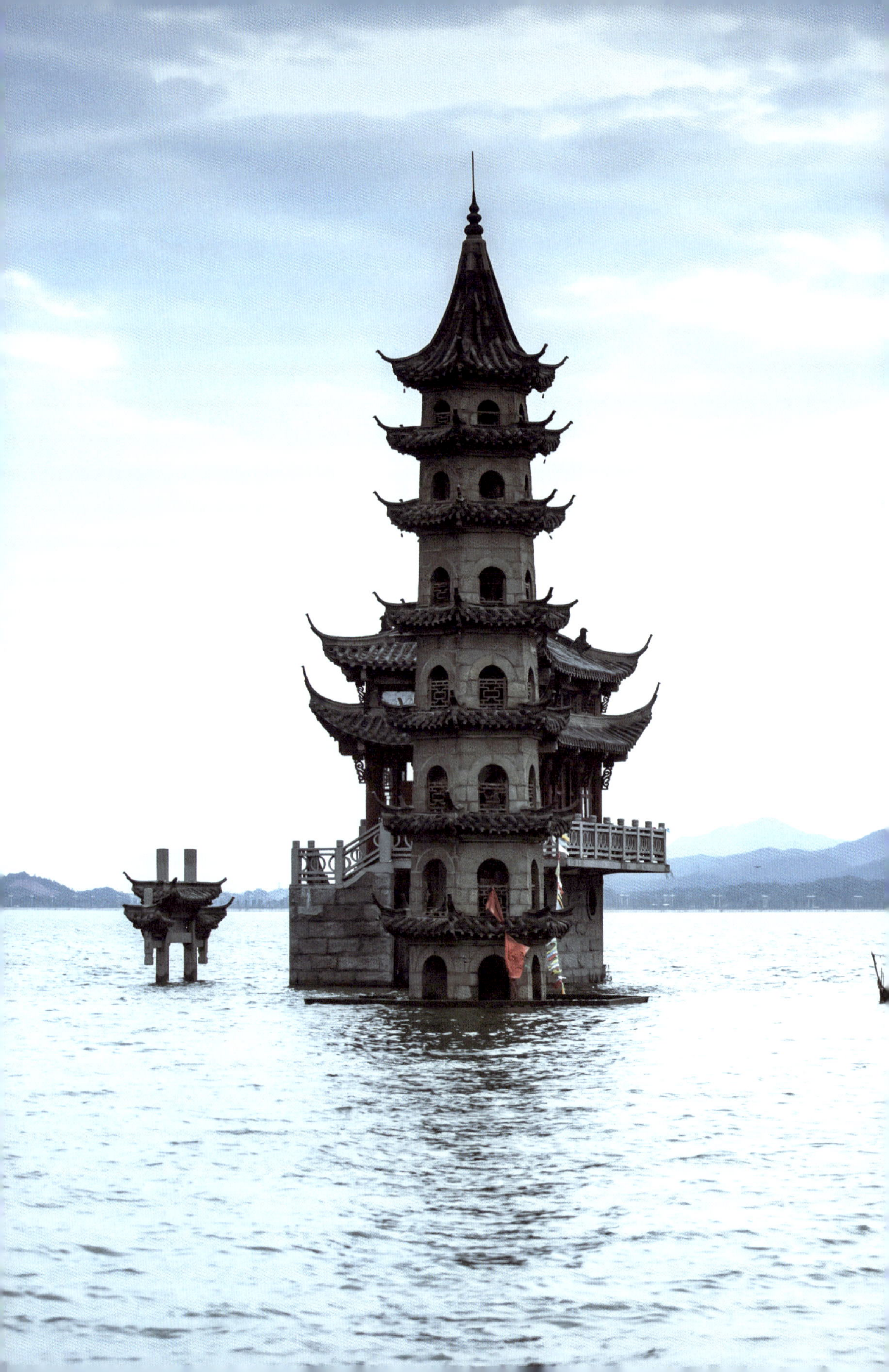

· 发现奇墓 ·

查阅史料，在1700多年前的公元318年，南昌地区曾经发生过一场大地震。据此推断，整个墓室很可能被震塌变形，再狡猾的盗墓者进入这里也方位难辨、寸步难行。

不仅如此，那场地震发生100多年后，鄱阳湖在洪水中发生倒灌，地下水位抬升，致使墓穴变成一座地下蓄水池，要想潜入，谈何容易！

一个精准的盗洞，一个千年的灯盏，证实了千年前就曾有盗墓贼觊觎这个墓葬。1000多年来，可能有无数的盗墓贼进入过这个墓葬了。今天的盗墓者甚至可能有专业的潜水设备。这座墓葬究竟是不是真的被盗掘一空，结果还不得而知。

洪水下的鄱阳湖

真车真马陪葬坑

## ■ 大量宝贵文物陆续出土

### 精美马头配饰——当卢

发掘工作首先从一号墓一侧的陪葬坑开始。工作人员先把积水抽干，一点点进行发掘。突然，有一个坚硬的物体在土层中渐渐露出，考古人员拭去尘土，竟然发现这是一个鎏金车马配件，大家顿时大受鼓舞，加快了发掘速度。紧随其后，一批车马具陆续出土，种类繁多，做工精美。

车马配件

·发现奇墓·

车马配件

海昏侯墓室谜团

马头配饰——当卢

马头配饰复原图

040

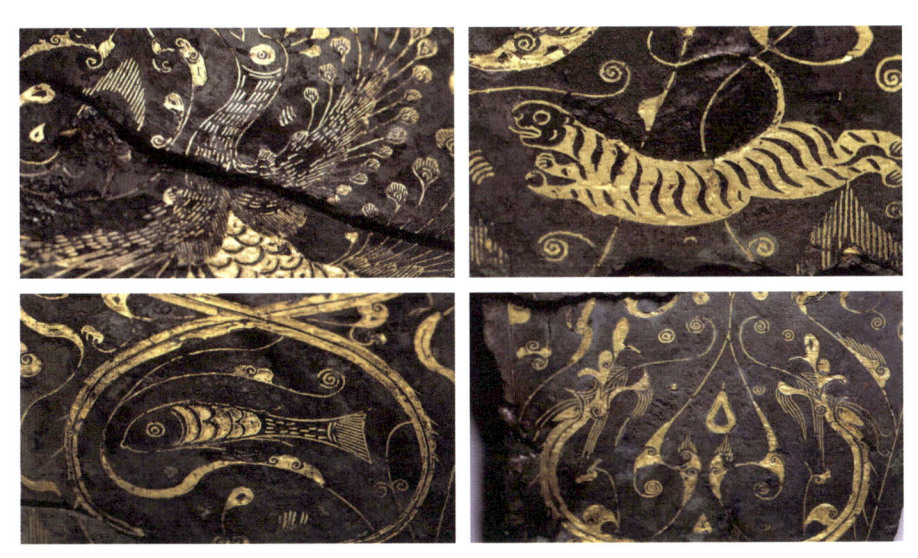

当卢局部细节

众多出土文物中有一套当卢最为亮眼，是马头配饰，用金银在上面镶嵌出游鱼、跃虎、腾龙、凤鸟以及日月形象，细如发丝的线条纤毫毕现，如此精湛的工艺即使在王侯墓葬中也鲜有发现。

考古专家根据痕迹的个体推断，一部车大概是4匹马，这里面有5部车，至少有20匹马。能使用真车真马陪葬坑的墓葬，一般是皇帝或显赫王族独有的权利。海昏侯是列侯，他怎么能有诸侯王的这种待遇呢？

此次发现，在中国长江以南地区尚属首次，但现在就把墓主人归为海昏侯还为时过早，毕竟主墓尚未开启。

### 大型礼仪乐器——编钟

考古工作继续按部就班地展开，这次他们在北藏阁乐器库又发掘出了一套大型礼仪乐器。

这套在淤泥中沉睡已久的编钟，有甬钟 10 件、钮钟 14 件。迄今为止发掘的南越王墓、洛庄汉墓和大云山汉墓三座王墓中均出土了形制相同的编钟、编磬，而且都是由一组 14 件钮钟和一组 5 件甬钟组成。但是这座墓出土了 10 件甬钟，比其他墓还要多出 5 件。

海昏侯墓出土的编钟

编钟出土现场

扣银边贴金漆盒

《仪礼·乡射礼》中曾记载："钟鼓者，天下诸侯备用之。"编钟多用于宫廷雅乐或盛大祭典，只有天下诸侯才有权使用编钟这种乐器，可见它是地位和权力的象征。

编钟一般由青铜铸成，若干个大小不同的钟，按照音调高低的次序排列起来，悬挂在木架上编成一组或几组。每个钟敲击的音高各不相同，按照音谱敲打，可以演奏出美妙的乐曲。编钟根据文献记载和出土文物发现，我国在西周时期就有了编钟，那时候的编钟一般是由大小3枚组合起来的。春秋末期到战国时期的编钟数目就逐渐增多了，有9枚一组的和13枚一组的等。

此次编钟的发现，足以显示这个墓主人的身份不一般。

海昏侯墓室谜团

海昏侯墓出土的西汉青铜钮钟

北藏阁乐器库发现的编钟、编磬

　　发掘到现在，考古队员们终于感到一丝欣慰，一号墓葬并没有被盗空，还留有考古价值非常高的文物。

　　而更令人兴奋的是，考古队员除了发现一架编磬、琴、排箫、笙和众多的伎乐俑外，还发现了一组铁质编磬。因为之前出土的大多为石编磬，铁质编磬的发现这还是首次，文物价值极高。

这些乐器再现了墓主人在宴飨时的用乐景象。尤其是编钟、编磬的组合，完全符合周朝以来"王宫悬，诸侯轩悬，卿大夫判悬，士特悬"的用乐制度。这套上层社会专用的乐器，是当时礼乐身份的重要标志。这表明墓主人的身份非同小可，考古队员们越来越兴奋，后面还会有更大的惊喜等待着他们吗？

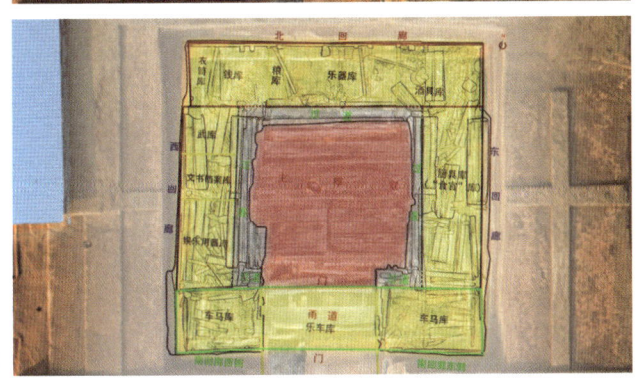

俯瞰墓室布局

墓室布局图纸

# 海昏侯墓室谜团

## 铜钱堆砌而成的——"钱山"

就在发现铁质编钟的四天后,考古队又发掘出大量古钱。

这些钱表面看上去纵横交错,仔细探查,竟然都是由铜钱堆砌而成的,由于年代久远,已经锈蚀粘连在一起,仅凭目测,就重达10余吨,这简直就是一座"钱山"。

汉武帝在统治期间,先后进行了六次币制改革,最终确定了五铢钱的地位。"五铢"二字修长秀丽,风格较为一致,"五"字交笔缓曲,上下与两横笔交接处略向内收。"铢"字的偏旁"金"字有三角形、

汉代五铢钱正反面

海昏侯出土的"钱山"

1000文铜钱为一贯

铜钱腐蚀严重

箭镞形两种，四点方形较短。"朱"字方折，下垂笔基本为圆折，头和尾与"金"字旁平齐，笔画粗细一致。每个铜钱的重量以3.5～4克者为多，少数超过4克。

本次发现的"钱山"，考古人员经过仔细清理，通过绳结痕迹确认多组成串的铜钱，每串都是整整1000枚。通常说的"家财万贯"，一贯即为1000文。

中国古代"1000文铜钱为一贯"的钱币校量制度的有关史料文献记载可追溯到宋代，而本次海昏侯墓中的"钱山"，将"1000文铜钱为一贯"的钱币校量制度从北宋向前推了1000余年。

如此数量的一座"钱山"确实令人瞠目结舌，那么这么多铜钱究竟从何而来？又属于谁呢？

## 巨大"钱山"价值几何？

经过统计，这些铜钱大概有100多个版本，说明这笔铜钱的来源不一。考古人员经过仔细分类，发现这批五铢钱都来自汉武帝至汉宣帝当政的西汉中期，这为墓主人生活的年代提供了重要线索。根据后汉相关史书记载，这可能跟汉代的一个赗赠制度有关系。

赗赠制度即在皇亲国戚去世后，皇帝从国库拨出巨款，作为安葬抚恤费，为其陪葬。据《后汉书·章帝八王列传》记载："寿立三十一年薨，自永初已后，戎狄叛乱，国用不足，始封王薨，减赗钱为千万，布万匹。嗣王薨五百万，布五千匹。"也就是说，在西汉时期，皇帝对于赗赠制度十分重视，哪怕在国库亏空的时候，仍然没有把这种制度取消，只是酌情减少赏赐的规模，但数额仍以百万、千万计，铜钱与布的数量比例也在1∶10左右。由此可见，当时皇帝对于赗赠制度的重视。

按照当时市价，此次发现的这批五铢钱能买约800吨大米、2400吨小米，或者今天的50千克黄金，这个墓主人显然是当时的豪门贵族。

**西汉部分年历表**

| 西汉 | 汉武帝 | 汉昭帝 | 汉宣帝 |
|---|---|---|---|
| 公元前202年 | 公元前141年 | 公元前87年 | 公元前74年 |

西安昆明池——汉武帝像

· 发现奇墓 ·

## 墓园规模和豪华程度令人称奇

经过考古专家勘测，整个墓园呈梯形，南北宽 141~186 米，东西长 233~248 米，原墙长 868 米，宽约 2 米，共占地约 4.6 万平方米，墓园有两座主墓和七座衬葬墓、一条外墓坑和原墙，内有完善的道路系统和排水设施，这样一座大规模的豪华墓葬，它的主人究竟是谁呢？

从封土到陪葬墓，再到主墓外的回廊，都陆续发掘出了有价值的文物，说明这座墓规格高，而且没有被完全盗空。考古

· 发现奇墓 ·

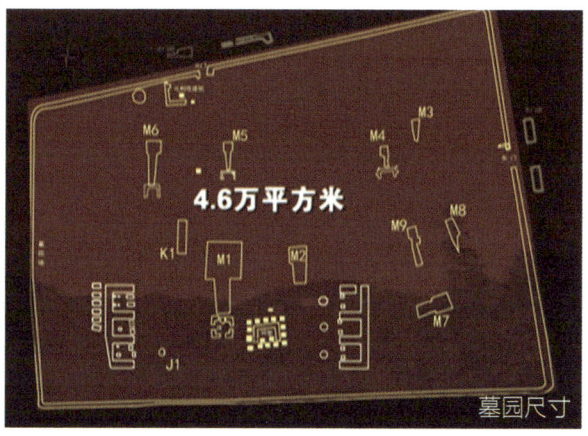

墓园尺寸

海昏侯墓园外观

陪葬坑与一号墓位置

人员紧绷的心，终于有些放松。可是，要判断墓葬是否被盗，还要看主墓究竟安全与否。

考古工作还在继续，一号墓的主墓外回廊中还会有什么稀世珍宝吗？人们能够找到可证明墓主人身份的物件吗？这座大墓的核心地带主椁室是否被盗墓贼扰动？里面还会有什么文物？这一切都等待着下一步考古来揭晓答案。

褭蹏金

刘贺墓出土褭蹏金48件、麟趾金25件。有学者认为褭蹏金仿天马之足所铸，状如马蹄，俗名"马蹄金"。麟趾金仿瑞兽麒麟之足所铸，状如靴子。均用花丝镶嵌等细金工艺精制，部分带"上""中""下"字样，是汉武帝太始二年（公元前95年）依祥瑞之意铸造而成的金器，主要被帝王用来赏赐那些效忠于皇室、有军功的大臣。

# ○黄金宝藏

千年古墓，引来神秘专家驻扎偏僻乡村。
打开主椁，墓主人主棺却不在墓室中央。
出土金器，超过全国汉墓黄金出土总量。
小小印章，能否成为确定墓主身份的证物？

## ● 顶级考古团队全程助力

目前一号墓的封土基本清理完毕，国家文物局的考古专家已经亲临现场，他们认为这个墓基本保存完整，里边可能会出土非常重要的文物，这将会在考古学上有重大突破。

国家文物局派出了田野考古专家、科技考古专家、国内漆器修复权威专家、中国织绣领军人物等各个领域最权威的六位专家来到考古现场，这是继长沙马王堆汉墓、广州南越王墓之后，国家文物局第三次调集全国一流专家到一线指导发掘工作。这

4.6万平方米超大规模汉代墓葬群

封土上的盗洞　　　　　　　　　　　　一号墓外回廊

    批专家都是国宝级的人物，如此超级豪华的专家组团队云集一个墓葬开展工作实属罕见。从国家和考古业界的重视程度来看，这很可能是一个非比寻常的墓葬。

    从一个意外发现的盗洞，到国家级考古专家云集墓葬，从证实这是一个4.6万平方米超大规模的汉代墓葬群，到对一号墓主墓外回廊进行发掘保护，考古队用了整整3年时间。随着一件件随葬品出土，刷新着人们对那个遥远年代的想象。

    一批真马陪葬，一座10余吨的"钱山"，一套铁质编磬，引起了国家文物局以及考古专家的高度重视，通过对出土文物价值的估算，专家推测，这座墓非同寻常，很可能是西汉某个贵族的墓葬。

055

## ● 主椁室的秘密即将揭晓

**主椁室面临被盗窃一空的危险**

经过漫长的3年时间，一号墓的主墓外回廊终于清理结束，除了最初发掘出来的钱币、车马和礼器，还有大量的兵器、漆器、酒器、粮食，以及众多的生活器皿。

主墓外回廊出土文物

主墓外回廊出土文物

　　仅仅外回廊出土的文物就多达上万件，墓主人生前奢华的生活令人无法想象。然而，真正的重头戏还没有开始，因为漫长的清理工作才刚进行到主墓外回廊。

　　主墓到底有没有被盗？里面还有没有更具价值的文物？这才是吸引众多重量级专家到场的缘故。伴随着六位重量级专家的到来，存放主棺的主椁室即将打开。但此时，那个位于主椁室顶部的盗洞仍然令人忧心忡忡。

海昏侯墓室谜团

西汉墓葬的棺椁示范图

长沙马王堆出土文物

西汉墓葬的棺椁通常按方形层层布局，主棺位于墓葬中心。著名的长沙马王堆汉墓和北京大葆台汉墓都是如此。有经验的盗墓者也因此把盗洞定位在主墓的正上方，在盗墓贼看来，这是盗墓的绝佳位置，只要顺着盗洞发掘下去就能挖到主墓。很显然，这个盗墓者是个经验丰富的老手。

如果主棺椁在墓室中央，那么里面的珍宝很可能已经被盗掘一空。考古人员怀揣着这种担心，继续清理墓葬上方的木头。当一块块木头被搬开，人们的心情也紧张到了极点。但是，令人意外的一幕出现了，搬开木板后，考古队员并没有看到主棺，难道盗墓贼已经将里面的珍宝盗窃一空了吗？

海昏侯墓室谜团

主棺躲到了主椁室东北角

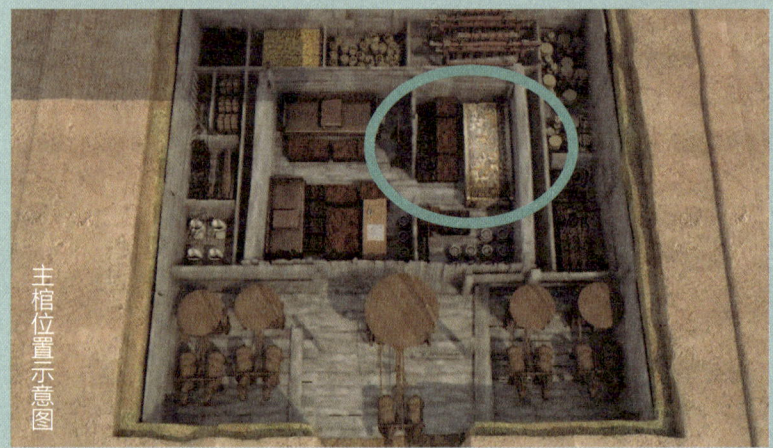

主棺位置示意图

考古人员在清理文物

## 机缘巧合，主棺躲过盗墓者黑手

善于刨根问底的考古队员继续深入墓葬，直到一个巨大的椁室呈现在他们的面前。原来，这是一个非常规的设计，一般主棺放在主椁室的正中央，而这个墓葬的正中间居然是空荡荡的。这样看来，主棺很有可能没有被盗，可是新的疑问又随之而来，这个神秘的主棺会在哪里呢？

经过一番细致探查，考古人员发现主棺躲到了主椁室东北角，偏离了常规的中心位置。发现这一点后，考古队员们松了一口气。有专家猜测，在地下水和一片混乱之中，盗墓者很可能还没来得及找到主棺就被村民发现行踪并举报了。

墓主人生前为何会这么安排自己墓室的布局，难道他料想到自己的墓葬有可能被盗，所以采取了改变主棺位置的策略，还是说这背后隐藏着什么别的秘密？

墓室的布局寓意着墓葬中央是客厅，墓主人住在东面的卧室，墓室的东北角，也就是主棺存放的位置，便是墓主人睡觉的地方，正是这一巧合让主棺躲过了一劫。但是也有一种推测认为，有可能是地震和水淹导致主棺位置

偏移，最终让它停留在主椁室的角落里。无论是哪种原因，这个墓葬能够躲过2000多年来盗墓者的黑手，可谓不幸中的万幸！

4年来，考古队员们悬着的心终于放了下来，至此，对一号墓的抢救性发掘进入了主攻阶段，确定墓主人的身份已经指日可待。明确地知道墓葬主棺没有被盗后，考古人员更加迫切地想知道，究竟谁是这座豪华墓葬的主人。

汉代建筑

大刘记印

## ● 关键证物出现，墓主人身份呼之欲出

### 一枚玉印锁定墓主人身份

考古队员清理主椁室的东南角过程中发现了不少文物，但是都不能证明墓主人的身份。就在东南角的清理接近尾声时，人们发掘出了一个精美的漆盒，打开之后，一枚玉印立刻吸引了所有人的目光。因为印章在古代为凭信之物，是确定墓主人信息的关键证物。

这是一枚约1.7平方厘米的玉印，由上等和田玉雕刻而成，上设龟纽。从印章的篆刻风格看，它属于典型的西汉晚期风格，这也更加确定了这座墓葬的年代。

玉印上面写有"大刘记印","刘"是西汉皇族姓氏,"大刘"无非强调他和普通人家的区别,以及作为高祖刘邦后人的荣耀。由此看来,墓主人非西汉皇室莫属。只可惜有姓无名,还是难以敲定此"刘"是否来自海昏侯家族。

既然史书中明确记载西汉时期的豫章郡(今江西南昌)只有海昏侯一支,此墓葬又为贵族墓葬,那么,一号墓是海昏侯墓的结论就确凿无疑了。现在,悬念顿时集中在了墓主人到底是哪一任海昏侯。

江西南昌(古豫章郡)

海昏侯墓室谜团

古代建筑

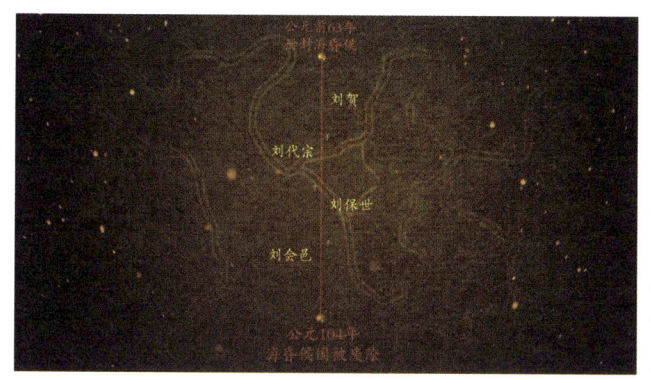

四代海昏侯年历表

## 四代海昏侯谁最有可能？

海昏侯为西汉所封爵位，共沿袭四代，他们在豫章郡，也就是今天的南昌市，生活了160多年，一直延续至东汉，死后都可能埋葬于此。

第一代：故昌邑王、汉废帝——刘贺。据载汉宣帝元康三年（公元前63年）三月，汉宣帝下诏说："曾闻舜弟象有罪，舜为帝后封他于有鼻之国。骨肉之亲明而不绝，现封故昌邑王刘贺为海昏侯，食邑四千户。"于是形成了海昏侯国。

第二代：海昏釐侯——刘代宗。昌邑王刘贺子，昌邑哀王刘髆孙，汉武帝刘彻曾孙。

第三代：海昏原侯——刘保世，刘代宗之子。公元8年，王莽在汉代建立新朝时，海昏侯国被废除，刘保世被削藩，贬为庶民。

第四代：末代海昏侯——刘会邑。新莽篡汉，废海昏侯国。后刘秀建立东汉王朝，恢复刘氏天下，刘保世之子刘会邑又被恢复为海昏侯。公元104年，海昏侯国最终被废除。

尽管专家们一致倾向于墓主人就是第一代海昏侯刘贺的观点，但是还需要更有力的证据才行。

专家推测的根据，不仅来自已经发现的超高规格陪葬器物，也因为四代海昏侯中，只有刘贺身份特殊，其履历跌宕起伏，令人眼花缭乱。

刘贺的爷爷可谓大名鼎鼎，正是那位令匈奴闻风丧胆的汉武帝。可惜刘贺的父亲昌邑王刘髆年少寿短，不足20岁就撒手人寰。年幼的刘贺承袭了昌邑王封号，从7岁一直到19岁，他享受着无忧无虑的王爷生活。19岁这年，他突然被立为皇帝，但短短27天后，他又遭废黜，被贬斥。31岁时，他再度被封为海昏侯，3年后死于长江以南的豫章郡，也就是墓葬所在地。

海昏侯墓出土的
铭文青铜豆形灯

海昏侯墓遗址

浸泡在泥水中的金器

## ● 主椁室西室出土罕见金器

### 马蹄金、麟趾金惊艳现场

古代贵族墓葬一般分为棺和椁，也就是一层一层套叠墓室。要清理主棺，就得先把主椁的各个角落清理完毕。

考古队员开始提取主椁室的西室。在一堆黄色泥土中，考古人员又发现了三件精美的漆盒。人们纷纷聚拢过来，大家目不转睛、啧啧称奇。原来漆盒中排列有序、光彩夺目的物件是金器！其中一盒装满了马蹄金，中间呈对角摆放的竟是罕见的麟趾金。

除了麟趾金和马蹄金，还有两盒码放整齐的金饼，每盒都超过80枚。

现场那些干了大半辈子考古的老专家，也是第一次目睹这么多的黄金同时出土。

187枚金饼

由于金饼过重,已将盛装的漆木盒子压坏,考古人员不得不用钢板将其运至研究室。

搬运金饼并不是一项简单的工作,需要先往承放金饼的盒子下面塞上钢尺,然后喷涂上泥土分离剂,再塞上塑料板和钢板,每一步都需要小心翼翼。

十几分钟过去，准备工作终于完成，剩下最后的搬运。一块金饼重量在250克左右，所有金饼将近有50千克，需要四个人搬运。

经过仔细清点，确认大马蹄金5枚、小马蹄金和麟趾金各10枚、金饼共187枚。它们器形完整，周身还饰有精美的纹饰，纯度竟然达到99%。这些黄金埋藏地下2000多年，但出土的那一刻，依旧发出耀眼的光芒，可谓金光闪闪。

不仅如此，马蹄金上还刻有楷书字形的铭文，这无疑将中国楷书的历史向前追溯到了西汉时期。这些楷书在当时应该为皇家独享，这更加印证了这是一个高等级贵族墓葬。

考古人员搬运金器

## 汉武帝时代的特制纪念币

尽管考古人员谨慎地回避对墓主人的终极判定，但海昏侯刘贺还是不由自主地成为最有可能的答案。在西汉时期的豫章郡，除了刘贺，还有谁能拥有如此多的黄金呢？何况它们许多都是来自皇家，有特定意义的黄金。

铜马像

汉武帝时期，有三样东西在当时被认为是祥瑞之兆：一是西域发现了汗血马，二是陕西凤翔发现了白麒麟，三是泰山发现了金子。

据《史记》记载，汗血马产自西域大宛。传说它能日行千里，疾跑之后肩部流出红色血水，因此又名"大宛马""天马"。据说汉武帝为了想得到此宝马，曾两次派兵远征西部去寻找，都没有找到。

马蹄金、麒趾金

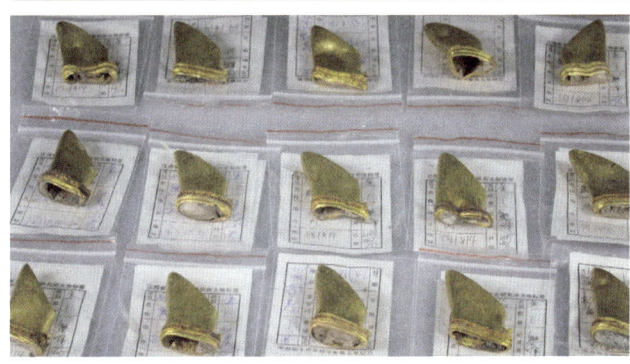

马蹄金

为了把这三件祥瑞之物结合起来,汉武帝就命人把金子做成麟趾的形式,同时做成褭(niǎo)的蹄子的形式。

这在《汉书·武帝纪》中也有记载,太始二年(公元前95年)三月,诏曰:"有司议曰,往者朕郊见上帝,西登陇首,获白麟以馈宗庙,渥洼水出天马,泰山见黄金,宜改故名。今更黄金为麟趾褭蹏以协瑞焉。"

通俗地说,马蹄金、麟趾金就是汉武帝时代象征祥瑞的特制纪念币,常常用于赏赐亲信或功臣。

汉朝皇帝动辄赏金,数量常以百斤计算,史书记载,司马相如以一篇文章《长门赋》就获得赏金百斤,国库的黄金储备最少也在百万斤以上!

一般来说,越接近墓主遗体的随葬品越是他生前珍视的,也最有可能留下墓主人的直接信息。墓中的物品真的是汉武帝之子刘髆留给刘贺的吗?为了离结果更近一步,考古队加快了速度,迫切地希望打开主棺,一探究竟。

汉武大帝

# 主棺开启，出土黄金总量令人瞠目

## 迄今汉墓出土黄金量之最

在清理了主棺周围的淤泥之后，专业人员进行了数据扫描，保存主棺开启前的原始数据，为打开主棺前做最后的准备。

考古人员先撬开一道小缝，把包裹好的木棍横插进盖板下方，然后进行整体保护性提取。

主棺的棺板被 16 个绳结牢牢固定，随着起重设备慢慢上升。棺盖缓缓开启，空气凝固了，考古队员们的呼吸也变得短促，时间拖慢了脚步。主棺露出一道缝，人们伸长脖子望进去，所有人都屏气凝神，棺盖能不能被顺利打开呢？现场气氛紧张，可是打开棺盖之后，并没有看到主棺，而是又出现了一个木棺。这个棺中是否是墓主人呢？大家还不得而知。

考古人员为开启主棺做准备

海昏侯墓室谜团

打开主棺棺盖，又发现大量金器

金器称重

主棺中的马蹄金

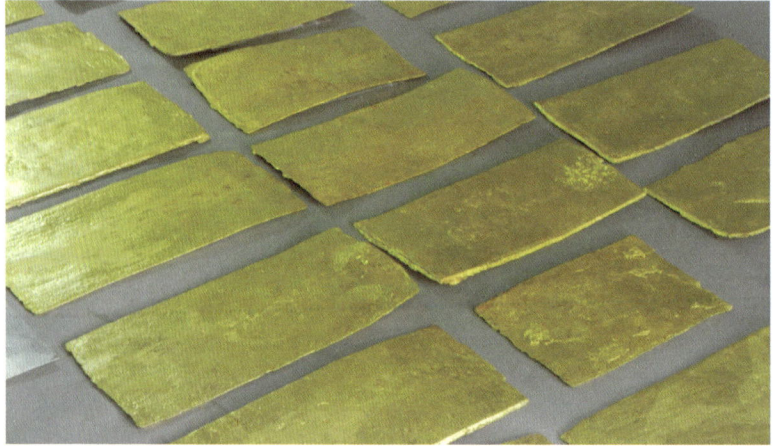

首次发现的金板

主棺中的麟趾金

随着棺盖被打开，又有一些随葬品显露出来。其中，一件圆形漆盒进入了考古队员的视野，能如此贴近墓主人，这里面一定存放着墓主人的珍爱之物。

一声惊叹，人们又看到漆盒中整齐码放的金器，又是一批金光闪闪的马蹄金、麟趾金。在它们中间，还有几块大小不一的金板显露出来，这是在汉墓考古史上首次发现的金板。

经过称重，证实大马蹄金重260克，小马蹄金重40克，麟趾金为七八十克。金饼标准统一，每枚重约250克。20块金板，每块的重量都在1千克左右。至此，一号墓出土的金器总量达到78千克，超过全国汉墓所有已出土金器的总和。这是目前为止，在所发掘的所有汉墓当中，出土黄金量最大的一座墓。

仿汉代建筑

　　仅从西汉墓葬出土的令人瞠目的黄金量，足以证明当时皇家的国库黄金储备量有多大。西汉为什么有那么多黄金呢？这其中很大一部分原因，是西汉的黄金拥有准货币的地位。

　　秦始皇统一六国以后，全国的黄金都聚集在秦朝国库中，而这些历代积累

金块

的黄金最后又都被转移到了西汉。

西汉建立后，除了继承前代的采矿方法外，又发现了按矿脉分布关系寻找新矿和察看金光寻找黄金矿的方法，这在《史记·货殖列传》和《史记·天官书》中都有记载。这使得黄金的开采规模也逐渐扩大。

诸侯王和列侯也在各自的辖地大力开采黄金。当时，朝廷在全国各地金矿设立了"金官"，把各地开采出的黄金源源不断地运回国库。朝廷又建立一套从民间征收黄金的财政制度，包括诸侯王和列侯缴纳的酎金、从商人手中征收的市租、罪犯缴纳的罚金以及卖爵等收取的黄金。

丝绸之路

另外，还有一个重要原因，是汉代丝绸之路的开辟，罗马帝国花费了数量巨大的黄金来购买中国的丝绸及其他货物。比如一种名为"缣"的双经双纬的粗厚织物，可以用来制作衣服、口袋，当时国内时价是400～600个铜钱一匹，但在罗马市场差不多跟黄金同价，即一两黄金一两缣，一匹缣约25两重，即可换取25两黄金。据罗马史学家普林尼统计：西汉时，罗马帝国流入西汉的黄金，每年就能达到5吨以上！这个数字是惊人的。就这样，汉朝国库的黄金越积越多。

## 巨额宝藏从何而来

从这些随葬品来看，墓葬主人的富有程度超出了人们的想象。尽管考古人员此时并不能确定刘贺就是墓主人，但是这位2000多年前的墓主人富可敌国已经确信无疑。在西汉时期的豫章郡，除了刘贺，谁能拥有如此多来自皇家的黄金呢？刘贺是汉武帝之孙，但爷孙之间应该从未谋面，这些皇家专属的黄金又从何而来呢？

陕西茂陵，即汉武帝刘彻陵，在所有西汉帝陵中，它的体量最大，周边还有众多陪葬墓。人们只知卫青、霍去病陪葬茂陵，却很少知道最大的一座陪葬墓是李夫人墓。李夫人生前并非皇后，却享有胜似皇后的待遇。

陕西茂陵博物馆

陕西茂陵汉武帝墓

古书效果图

汉武帝时宫廷乐师李延年创作《李延年歌》诗，诗中曰："北方有佳人，绝世而独立，一顾倾人城，再顾倾人国。宁不知倾城与倾国，佳人难再得。"

在很多位汉武帝曾经喜欢过的后妃当中，最生死难忘的要数美丽善舞的李夫人；而李夫人的得宠，则是靠她哥哥李延年创作的这首名动京师的诗歌。李夫人给汉武帝生下一个儿子刘髆，正可谓前途无量，却无奈红颜薄命，早早便香消玉殒。汉武帝在李夫人去世之后，把她按照皇后规制的礼节安葬。哀痛中的汉武帝情真意切地写了一篇悼亡赋——《李夫人赋》，其中有"呜呼哀哉，想魂灵兮！"这种对李夫人的思念很可能让

·黄金宝藏·

幼子刘髆得益,他除了获得一片富饶的封地和"昌邑王"封号外,大量的金银财宝是绝不会少的。若干年后,这一切都传给了他的儿子刘贺。刘贺当皇帝的时间虽然短暂,但太后赐给他的财产,包括大量金玉财宝,根本用之不尽,最终带入了坟墓。

北方有佳人

"昌邑籍田"三足青铜鼎

　　失盖，子口，口微敛，冲式穿带耳，深弧腹，圜底，蹄形三足。鼎腹部有7行15字小篆铭文，释文为"昌邑籍田铜鼎，容十斗，重卅八斤第二"。此鼎造型规整，字迹清晰，锈色真切发润，有包浆，是我国首次发现的西汉诸侯王国"籍田"礼仪的实物资料。

# 墓主寻踪

海昏侯墓，创造新中国考古之最。
漫长考古，期待找到真正墓主人。
内棺打开，为何不见墓主人遗骨？
方寸之印，揭秘海昏侯墓主人身份。

## 为墓葬建文物保护实验楼

海昏侯墓因为出土文物多、级别高，当地政府果断在墓地东侧选址建楼，用于专门的文物保护工作，这座文物保护实验楼有警卫把守，而且边上的围墙也安装了特殊的安全设备。

经过4年的持续考古发掘，这座西汉墓葬已经陆续出土了大量的珍贵文物：惟妙惟肖的雁鱼灯、身份高贵的提梁卣、温润剔透的韘形玉佩、制作精湛的鎏金编钟、二百多万枚五铢钱、数以千计的竹简，还有数量惊人的马蹄金、麟趾金、金饼、金板，无不令人瞠目结舌。

而这些仅仅是主墓的外回廊、主椁室、外棺部分的发现，墓葬的核心部位——内棺还没有打开。通过一系列的文物出土，墓主人是谁的答案隐约指向刘贺。

· 墓主寻踪 ·

凤鸟纹青铜提梁卣

竹简

鲽形玉佩

海昏侯墓室谜团

古代城墙

### 🪔 关键证物印证专家推测

**文物铭文现"昌邑"**

在考古现场,随着文物一件件被发掘出,专家们期待的历史线索逐渐汇聚起来,他们发现一件铜鼎上刻有"昌邑籍田铜鼎,容十斗,重册八斤第二"。"昌邑"即昌邑国,"籍田"是指每年开春统治者以下田亲耕

西汉"昌邑籍田"青铜鼎

青铜鼎铭文

  的方式劝导农民辛勤劳作，以获丰收。

  西汉昌邑国国都所在地是今天的山东省菏泽市巨野县，也是刘贺出生的地方。2000多年前，这里物产丰富，交通发达，商业繁茂，还有发达的冶铁业，墓中出土的这些漆器很可能制造于此。几乎同时，在一些精美的漆器上又出现了"昌邑九年""昌邑十一年"的字样。只可惜所有"昌邑"字样后面都没有注明是哪一任昌邑王。

## 墓主人身份初步锁定

好在昌邑王只传了两代，刘贺的父亲刘髆在位11年，他的墓葬已经被发现。只剩下刘髆的儿子刘贺的墓葬至今还没有被发掘。照此推断，这座墓葬很可能就是刘贺的墓葬，这些写有"昌邑"字样的漆器很可能是刘贺带到这里的。

那么，海昏侯墓中的器物，会不会是通过馈赠、变卖、罚没甚至缴获的方式辗转流传到江西？就像越王勾践剑跑到湖北江陵的楚国墓葬中一样？

答案是否定的。首先，史书有刘贺在豫章郡生活4年的明确记载；其次，海昏侯墓规模建制、器物等级和出土文字都决定了没有第二人能够对号入座。至此，一切推理都已然成立。

湖北江陵的楚国墓葬中的越王勾践剑

海昏侯国遗址博物馆

海昏侯墓室谜团

南昌汉代海昏侯考古遗址公园

海昏侯墓主棺

"钱山",证明了这是一座贵族墓葬;墓葬中的"大刘记印",证实这是一座汉代皇族墓葬;写有"昌邑"的铜鼎,则让考古队员推断出这很有可能就是刘贺的墓葬。

但考古不能仅仅靠推理,最终的答案还需要更加确切的证据。这座墓室的内棺能够顺利开启吗?如果开启,人们能够顺利找到证明墓主人身份的物件吗?至此,海昏侯墓的田野考古告一段落,而真相还未揭晓。

海昏侯遗址博物馆

## 给沉睡2000多年的海昏侯墓"搬家"

此时，整个发掘工作已经进入到最重要也是最关键的阶段——清理墓主棺椁。考古专家们对棺内的遗物，抱有很大的期望。

现在，只剩下内棺等待开启。在正常情况下，内棺可以在现场打开，但是根据考古专家对海昏侯墓的推测，这个墓葬非同一般，重要的陪葬品和能够证明墓主人身份的物件很可能都存在内棺中，如果开棺发生意外，后果不堪设想，这让考古专家们更加小心翼翼，经过反复推测勘探，他们决定将内棺移到几百米外的实验室，也就是那座新建的白色小楼中再进行开启。可是移动内棺，对于考古队员来说，并不是一件容易的事情。

运输之前，先要在内棺和棺床外面套木箱，进行整体提取。上千年来，经历过地震和地下水浸泡，内棺已经变形，这个箱子是为内棺特意设计的，是一个随行体。

套箱这项工作听起来似乎很简单，但对于内棺开启工作非常重要，马虎不得，考古人员每一步动作都要异常小心，因为探明墓主人身份的关键文物很可能就在内棺里面！

考古学家做移棺准备

内棺套箱完成之后，要采用航吊技术将内棺和棺床整体吊运出主墓。

经过两周的时间，打包工作终于顺利完成，此时将进入最紧张的时刻——移棺。这相当于给沉睡了2000多年的海昏侯墓搬了一次家。

观西村村民听说海昏侯的内棺已经被发现，马上就要被移走，纷纷聚拢到海昏侯墓考古工地的附近，他们都想目睹移棺的过程。

位于主椁室的海昏侯内棺正式开始吊运，所有人都屏气凝神。只见航吊车把棺柩箱体缓缓升起来，内棺在一点点上升。

这个在墎墩山埋葬2000多年的墓葬，牵动着在场每个人的心。内棺缓缓落下，

海昏侯墓葬群

· 墓主寻踪 ·

成功放到了轨道车上，运出了墓道。大家悬着的心终于放下来了。内棺能够顺利开启吗？人们能够顺利找到证明墓主人身份的物件吗？

航吊车将内棺和棺床整体吊运出主墓

103

安放棺床的木轮

内棺细节图

## 揭秘海昏侯墓历史之谜

**开棺器物众多，唯不见墓主人骸骨踪影**

根据汉代人的信仰，以及考古专家们多年来对汉墓发掘的经验，如此高等级贵族内棺中会有大量的玉器，以及直接标明墓主人身份的私印等。这些出土文物，将最后解开大家期待已久的关于海昏侯的历史之谜。

就在成功移棺的第二天，所有人员到位，内棺即将开启，气氛有些肃然。内棺的开启，预示着之前已经接连创造新中国"考古之最"纪录的海昏侯墓的最大的秘密即将揭晓。

这里面沉睡的人会是刘贺吗？墓主人的骸骨是否完好？在众人的期待下，存放墓主人的内棺慢慢被打开。

考古专家即将打开内棺

海昏侯墓室谜团

内棺散布着大量玉器

考古专家重新给内棺盖上宣纸

106

考古人员首先要揭去内棺表面用来保湿防裂的宣纸，安放内棺的棺床带有木轮，便于下葬时推入墓穴。如今木轮犹在，内棺的高度却不到原来的三分之一，棺中文物恐怕凶多吉少。人们嘴上不说，心中却七上八下。

考古人员通过默契的配合，小心翼翼打开了内棺。瞬间，在场的考古人员被眼前的一幕惊呆了！硕大的玉璧瑕不掩瑜，精巧的漆盒鲜红欲滴，温润的玉佩冰清玉洁，环首刀把雄风犹在。

一件件文物让在场人员发出惊叹，兴奋不已。棺内散布着许多玉器，然而墓主人的骸骨却不见踪影，难道墓主人不在内棺中？一时间，没有找到答案。

时间倏忽而过，宣纸重新盖上，喷水保湿。众人期待的答案还要等待进一步的探查。

断裂的玉器

## 遗骸零落成泥碾作尘

历经岁月与磨难的棺中文物混杂在淤泥中,大件器物尚能看出轮廓,微小物件则如沙里淘金。

在内棺南侧,人们发现一副应该盖在死者脸部的"玉覆面"。在它之下,有不少玉块,很可能是死者头下的玉枕。内棺中部有几块大型玉璧,应该摆放在死者胸腹部。

由此,遗骸的位置基本确定。其实这座大墓,并不是没有墓主人,而是墓主人已经在潮湿又失去密封的环境下"零落成泥碾作尘"了。专家们根据像玉器一样的物品推断出遗

体的位置，但是这些东西都不能证明墓主人的身份。

在古代，人们认为玉能够保持尸骨不朽，更把玉作为一种高贵的礼器和身份的象征，所以一般贵族都会在下葬之后身上铺满玉片。

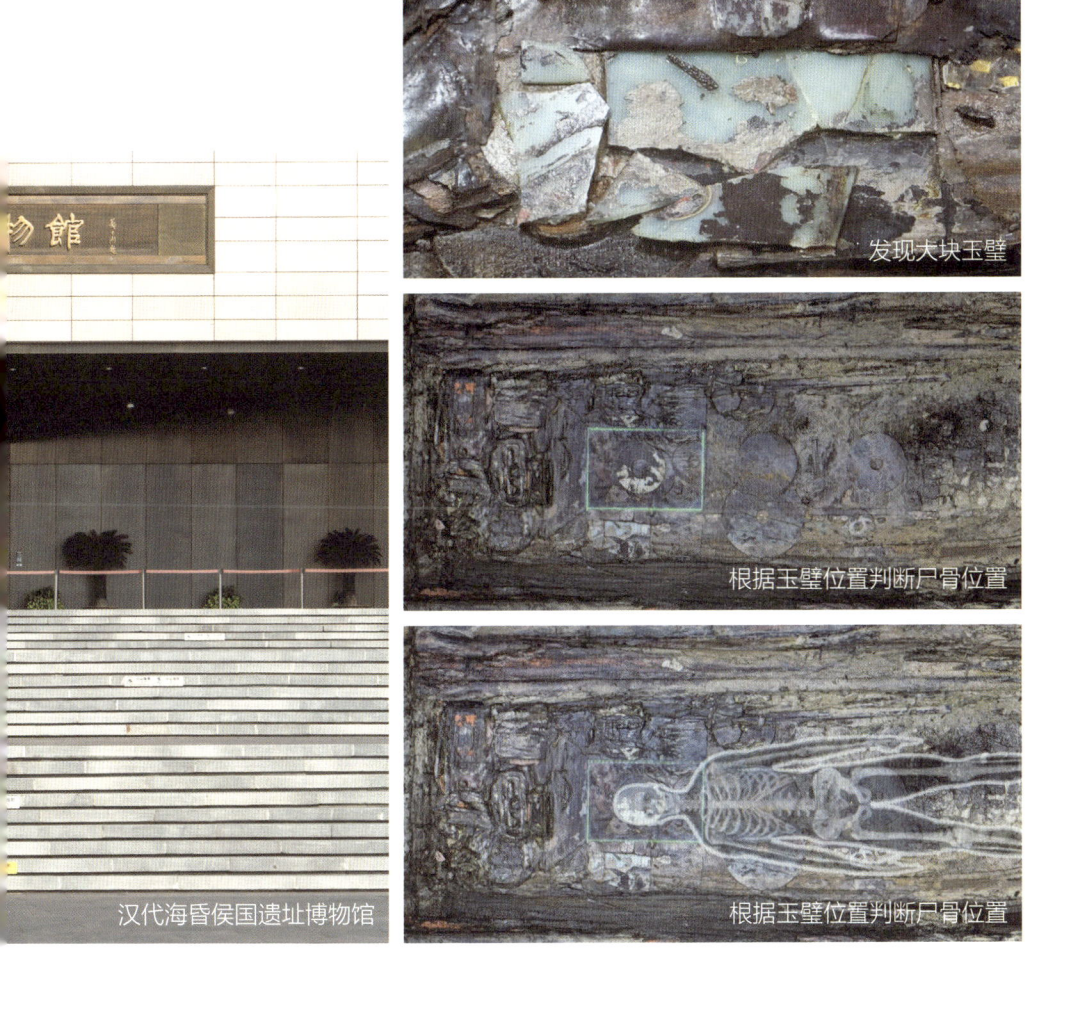

发现大块玉璧

根据玉璧位置判断尸骨位置

汉代海昏侯国遗址博物馆

根据玉璧位置判断尸骨位置

尸骨在棺木中的模拟复位图

## 墓主身份尘埃落定

大家继续寻找能证明墓主人身份的物件，忽然一名眼尖的考古队员发现一个小凸起物，方形，似玉，刻痕朦胧，仿若文字。停顿、静止，人们似乎预感到它非同小可。

那枚小凸起物和几个小物件恰恰位于死者腰部，很可能是腰带上的悬挂物，方便随时取用，这些小物件都是什么？能不能探明死者身份呢？于是，考古人员开始小心提取。

这是一枚印章，而且是汉代常见的"方寸之印"。印面边长2.1厘米，通高1.5厘米，玲珑剔透，用上等和田玉雕琢而成。

考古人员擦干净上面的泥土，仔细观察上面的字，果然没有令大家失望！玉面文字，阴刻篆书，左右等分，两个字——正是考古人员和专家们期待已久的答案——刘贺。它线条清晰，构图规整，古朴端正。

考古队员们经历5年春秋，花费大量人力物力，尝遍酸甜苦辣，终于水落石出，如愿以偿。虽然此前已经有许多墓主人的证据指向刘贺，但都抵不过这一枚小小的印章。

西汉海昏侯墓，可以更加确切地改为西汉海昏侯刘贺墓了。

棺木发现刘贺玉印　　　　　　　　　　刘贺玉印细节图

## 墓主人刘贺的人生悲歌

**史书记下其累累罪状**

刘贺,身为汉武帝刘彻之孙,他短暂的一生扮演了四种角色,从王到帝,又从帝归民,再由民封侯,犹如过山车,大起大落,身不由己。

人们今天对刘贺的认知,基本都源于中国第一部纪传体断代史——《汉书》,由东汉史学家班固编撰。班固出身史学世家,治学严谨,颇受皇帝赏识。因此,这部以尊重文献著称的《汉书》当属正史。

那么《汉书》中的刘贺到底如何呢?

《汉书》:荒淫迷惑,失帝王礼谊,乱汉制度

班固提到，昌邑王"动作多不正""行污于庶人"等，意思是不守规矩，胡作非为，还一意孤行。虽然少不成器，假如他能浪子回头，尚不至于一败涂地。

《汉书》详细记载了刘贺当皇帝后"荒淫迷惑，失帝王礼仪，乱汉制度"的罪状，诸如居丧期间与旧臣舞伎酒肉嬉戏、吹拉弹唱；戏野猪，斗老虎；让下人乘坐太后的专用马车，自己则与先帝的宫女淫乱；一方面金玉绫罗、乱加封赏，一方面又诏书满天飞，向各地征缴财物，多达1127次。如此这般，"日以益甚，恐危社稷，天下不安。"

《汉书》记载的刘贺

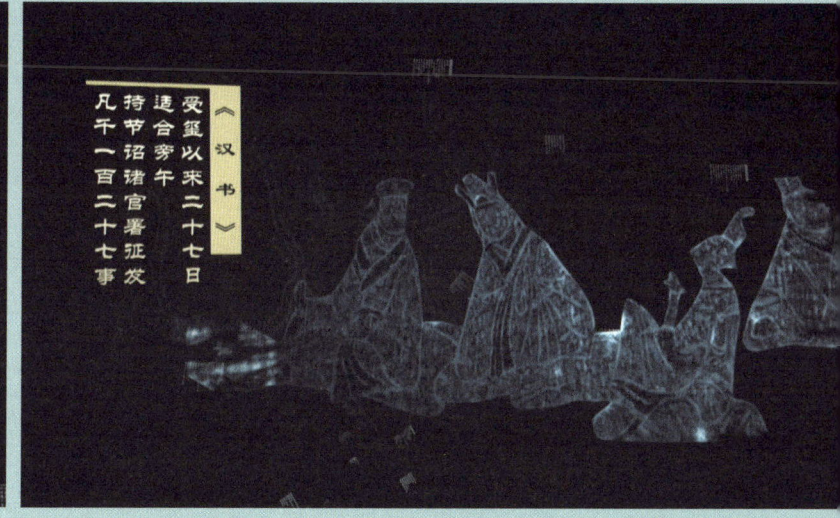

## 成为朝臣弄权的牺牲品

西汉王朝极为讲求孝道，西汉每位皇帝皆于墓旁建立祠庙。而刘贺却偏偏犯了皇家大忌，在为先帝服丧期间竟与旧臣舞伎酒肉嬉戏，这是天下所不能容忍的。相对《汉书》中对刘贺记载的累累罪状，有学者提出另一种可能，刘贺会不会是被冤枉的？因为在废黜刘贺的诏书里面，没有举出任何一件、一项具有实质性的刘贺不配做皇帝的事例，大多数都是一些鸡毛蒜皮的内容。这些内容都体现的是刘贺不太沉稳，不太成熟，不太符合礼仪规范。单从诏书里列举的所有事情，都不足以废黜他做皇帝的资格。

仿汉代建筑

· 墓主寻踪 ·

西汉彩绘陶兵马俑

　　东汉的班固与西汉刘贺相差不过100多年，相关史料尚未遗失，改朝换代又降低了犯上的风险，《汉书》的可信度理应很高。但书是人写的，个人倾向在所难免。

　　能够弥补这些不足的，恰恰是沉埋地下的历史遗存，用事实说话。

　　刘贺墓中社会关注度最高的莫过于总计80多千克的金器，超过全中国出土于西汉墓葬的金器总和，其中马蹄金和麟趾金

马蹄金和麟趾金为皇家特制的赏金

更是皇家特制的赏金。一个偏远列侯，仅陪葬黄金就如此令人瞠目，他生前该是多么挥金如土、纸醉金迷呀。

刘贺被废黜的罪状之一，就是一掷"千金"，随意赏臣属。但《汉书》又说，刘贺被废黜皇位时，太后恩准"故王家财物皆与贺"。就是说昌邑王历年积累的财产并没有被抄家罚没，可能连刘贺在皇宫获得的财物也都留给了他。

117

古代建筑

　　山东省巨野县博物馆，珍藏着40年前从刘贺父亲刘髆墓出土的文物。然而，从未被盗挖过的昌邑王墓遗存却有些穷酸，品相也一般，难怪考古界只承认它是疑似刘髆墓。

　　或许刘髆的财富并没有陪葬，全都留给了儿子。刘贺墓中那四纵三横七枚玉璧，尤其死者胸前那三块大型玉璧，都是稀世之宝。

　　继刘贺印章后，人们又发现在内棺底部平铺着五排金饼，共计100枚，犹如一张金床，使刘贺墓出土的金饼总量达到385

枚，打破了中国考古史单一墓葬出土金饼的纪录。刘贺的锦衣玉食似乎无从质疑。

然而，研究人员在几块金饼上发现了"臣贺……酎金一斤"的墨书字迹。"臣贺"就是刘贺，它再一次印证了海昏侯墓的归属。

"酎金"是指诸侯向朝廷进献的黄金。说明刘贺墓中的金饼，有许多是准备向皇帝进贡的。只是出于某种变故，并没有送出去，又不能随便处置，不得不随葬墓中。再说西汉厚葬成风，刘贺墓中的高等级器物并非逾制，也很难由此证明刘贺的奢靡程度。

刘贺墓中的玉璧

海昏侯墓出土的金饼 　　金饼上发现"酎金一斤"的字迹

如果说刘贺是被冤枉的，那会是谁嫁祸于他？《汉书》记载，刘贺当皇帝既没有先王遗嘱，也不是按长幼排序，是被大将军霍光征召来的，27天后带头废黜刘贺的又是霍光，成为中国历史上权臣废黜皇帝的典型例子。

那么霍光是谁，怎能如此呼风唤雨？

他就是"封狼居胥"的西汉大将霍去病同父异母的弟弟，正是霍去病把霍光推荐给汉武帝的。

汉武帝对这个年仅十几岁的霍光很是欣赏，给他封了一个郎官。公元前117年，霍去病在出征途中突然去世，汉武帝悲痛之余，为了表示对这位大功臣的重视，除了厚葬之外，还对其弟霍光一连串破格提拔至光禄大夫。从此，霍光长伴于汉武帝左右，被视为重臣。

《汉书》中说，霍光侍奉汉武帝左右20多年，如履薄冰，没犯过一次错误。有人偷偷观察，发现他每次出入宫禁的脚步都会落在同一位置，分毫不差。如此隐忍与自制力，何止令人钦佩，简直令人恐惧。

汉武帝很器重他，临终还让他与几位重臣共同辅佐年仅8岁的小皇帝刘弗陵。

·墓主寻踪·

汉武帝是一个精明之人，他指定了四个人作为辅佐大臣，就是为了避免单独一个人权力过大，会控制朝廷的政治。但武帝无法控制身后之事，更无法保证他们能齐心协力。果然，派系之争很快显现，合纵连横，明争暗斗。

霍去病塑像

海昏侯墓室谜团

汉长安城城墙遗址

中国古代的政治，从本质上是一种集权专制的政治，几个人实现一种共和的局面是不可能长期维持的，其中必然要有人打破这种平衡。那么霍光就开始利用他领尚书事这个独特的身份，开始逐渐打压别人的权利。经过不断博弈，霍光胜出，从而激起一场酝酿已久的宫廷政变，对手恰恰是霍光的儿女亲家、辅政大臣之一上官桀。

霍光对亲家也毫不手软，杀了上官桀和另一位辅政大臣桑弘羊，唯独放过了上官桀的孙女、自己的外孙女、9岁的上官皇后。她是中国古代最年幼的皇后，但这正是外祖父霍光想要的结果。

通过一系列政变，当初武帝托孤的几位辅佐大臣，只剩下霍光了。从此，霍光威震海内、一手遮天、独揽大权。

但客观上，由于霍光采取减少税赋的宽松政策，休养生息，鼓励农商，对内大赦天下，对外鸣锣收兵，以致"百姓充实，四夷宾服"。

汉广陵王墓博物馆

霍光专权，却程序缜密，犹如他上朝的脚步，按部就班，非比寻常。辅政昭帝，是先帝之托；打击政敌，是维护汉室。一切都有昭帝授权，昭帝之后还有上官太后允诺，几乎天衣无缝。

虽然昭帝言听计从，但霍光并不放心，非要外孙女为昭帝生个霍家血脉。于是，他下令除上官氏外，所有后宫佳丽都不能亲近皇帝，甚至命她们穿上封闭式内衣，可谓严防死守。

但事与愿违，直到昭帝21岁驾崩，皇后也没能生育。按照汉朝惯例和群臣动议，继承帝位的人本应是汉武帝唯一在世的儿子，即体魄健壮的广陵王刘胥。但刘胥贪图游乐，品行不端。

《汉书》中记载说霍光忧心忡忡，因为他的担心还不仅如此。广陵王刘胥在广陵国做诸侯国王几十年，经历过政治历练，而且有一群支持者，势力越来越强大，这些都是霍光需要面对的。霍光正在纠结，偏偏有郎官上书，提出古有先例，只要有更适合做皇帝的人，就可以废长立幼。众臣无语，却正中霍光下怀，那位上书郎官也因此获得提拔。霍光终于甩掉了刘胥，挑了一位年少的继承人——昌邑王刘贺。

《汉书》记载刘胥贪图游乐、品行不端，不可以承宗庙

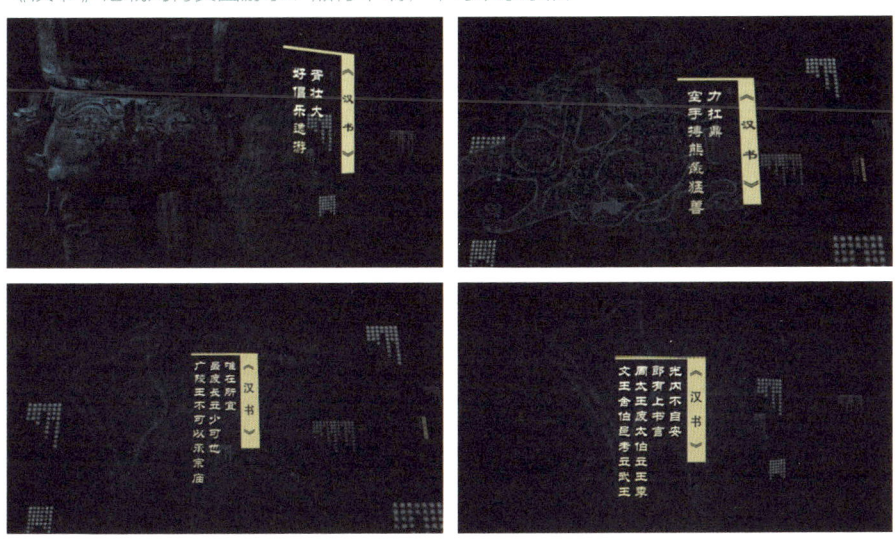

海昏侯墓室谜团

**任性妄为，为人生悲剧埋下伏笔**

和广陵王刘胥比较起来，刘贺年龄比较小，还不到二十岁。没有经历过政治历练，更没有太多自己的党羽，这是刘贺被霍光选中的一个重要原因。

《汉书》中记载，刘贺同样举止轻狂、恣意妄为，霍光不可能不知道。但刘贺年少，

青铜马车

孺子或许可教。昌邑王就这样暴土扬尘地来了。

公元前74年六月初一，当睡眼惺忪的昌邑王被传诏官叫醒，面对天上掉下来一张大馅饼，一定以为还在梦游。但《汉书》说，刘贺中午就率众直奔长安了。前方，皇帝宝座在向他招手，他一路车轮滚滚，马匹相继累倒。属下劝他低调，刘贺内心却早已天马行空、日月星辰了。他可能会想起伐秦灭楚、威加海内的祖上刘邦；想起开疆拓土、雄才大略的祖父刘彻；也想起父亲刘髆，不到20岁去世，壮志未酬。如今自己成了皇帝，既与列祖列宗齐名，也可以告慰先父了。

可惜刘贺沉不住气，否则很难理解他那么心急火燎进京即位，却还在途中采买特产、私藏女子，或许他大喜之余很有些得意忘形吧。

汉高祖刘邦像

《汉书》讲了另一段故事：刘贺被废黜的同时，他从封地带来的二百多随从臣属，都因为误导主人，让刘贺身陷邪恶，而被霍光全部诛杀。问斩前，他们在街头大声哭喊："当断不断，反受其乱。"何事未断，受谁之乱？《汉书》没有解释。宋代大文豪苏轼说，这句话明显暗示有某种图谋。班固就是要让后人从中去意会历史的真相。无论如何，刘贺被废黜或许另有玄机，焦点还是三朝元老霍光。

　　**任性，为刘贺的悲剧埋下伏笔。**

　　当刘贺在内宫我行我素时，霍光并没有闭上双眼。如果刘贺只是一个醉生梦死的纨绔子弟，只要大权没有旁落，他完全可以视而不见，至少不用太着急。显然，一向老成持重的霍光再也坐不稳冷板凳了，危机迫在眉睫。

　　刘贺显然缺少政治经验，他当了皇帝，却把力排众议推举他的"恩人"忘了个干净，反而对亲信大加封赏。

　　霍光的初衷原是找个傀儡皇帝，没想到刘贺是真来做皇帝了，他那些前呼后拥的随员，正一步步逼近皇宫大内的重要岗位。

·墓主寻踪·

苏轼雕像

## 仅做 27 天皇帝，即被废黜帝位

终于，一个敏感的人事任命让霍光忍无可忍。

长乐宫，是上官皇太后的寝宫。刘贺上位之后，用自己的旧臣替换掉了原来的长乐卫尉，也就是霍光的部下。

皇太后是霍光的外孙女，在皇宫中，宫廷防卫和禁军将领，都是霍光的部下，现在刘贺插手人事安排，让霍光深觉来者不善。霍光鹰犬遍布，尤其是宫廷防卫和禁军将领，全部都是霍家军。现在刘贺插足，早晚会反客为主。霍光彻底明白，这皇帝是不能用了。

刘贺在不知不觉中成为霍光的眼中钉，

**西汉长安城布局图（局部）**

霍光权倾朝野、鹰犬遍布

霍光一直想找到一个合适的时机废黜刘贺。

老谋深算的霍大将军虽然独断专行,但程序上必须步调一致。他派人去丞相杨敞家,威逼利诱杨敞同意废黜刘贺。

当霍光让群臣对废黜刘贺进行表态时,《汉书》的描绘十分传神:"群臣皆惊愕失色,莫敢发言,但唯唯而已。"

霍光得到大农令田延年的支持,田延年以非常的手段,威胁大臣一致赞同。罗织罪状、武力威胁。霍光实际上搞了一次看似集体决议、程序合法的宫廷政变。

这边磨刀霍霍,刘贺那边只是在莺歌燕舞吗?苏轼认为,刘贺下属肯定也预谋推翻霍光,可惜暴露了。他们既没有韬光养晦,等翅膀硬了再说;也没能先下手为强,快刀斩乱麻,只好"反受其乱"。

海昏侯墓室谜团

霍光假借太后之名废黜刘贺

132

万事俱备，霍光亮出了王牌——外孙女上官皇太后。宫门一关，孤身一人的刘贺被召到比他还小3岁的太后面前，跪下，接受众大臣的批斗，声声刺耳，句句惊心。大臣们提交了事先写好的奏章，宣布："陛下未见命高庙，不可以承天序，当废。"皇太后一个"可"字，批准废帝的奏章。刘贺争辩，但为时已晚。霍光三下五除二就摘掉了他的皇帝印玺和绶带。

霍光废黜刘贺，不仅说他行为不端，而且还说他没有到祖先刘邦的庙宇中履行必需的祭拜礼仪，这等于祖宗并不认可他的即位。

刘贺或许不知即位典礼的这个重要的环节，但做事小心缜密的霍光不可能疏忽，最合理的解释，是他当初留了一手，没有让刘贺告庙。正是这关键的一步，成功废黜了即位仅仅27天的刘贺。

在众人的监督下，刘贺被皇太后废黜。这位仅仅即位27天的皇帝，就以"行淫乱"的罪名，被废黜帝位，赐归故国。

汉宣帝杜陵

### 被封海昏侯3年后撒手人寰，死因成谜

刘贺黯然离开了皇宫，霍光在众目睽睽中再次召来一位18岁的年轻皇帝——汉宣帝刘询。霍光掌政20年，辅佐昭、宣二帝实现西汉王朝"文景之治"之后又一次

· 墓主寻踪 ·

汉宣帝五铢阳文铜范

重兴，史称"昭宣中兴"。这中间没有刘贺的名字，刘贺被人们称为"汉废帝"。

刘贺被废黜帝位11年后，汉宣帝念及"骨肉亲情"，又重新封刘贺为海昏侯，而此时霍光已死。然而，令人意想不到的是，刘贺被封为海昏侯3年之后，便突然撒手人寰。正值青壮年的他，为何会突然离世，是有人陷害，还是重病而亡，史书中并没有详细的记载。

如今，内棺已经打开，却不见墓主人身影。继续发掘，考古队员能够找到墓主人的遗体，从中探寻到刘贺死亡的真实原因吗？

**韘形玉佩**

韘形玉佩俗称鸡心佩，起于秦，盛行于汉代，多作椭圆形，上端出尖，中有一圆孔，近似于鸡心的形状，一般佩戴在腰间。上面有龙凤纹饰，为确定海昏侯墓主人的身份指向起到重要作用。

# 死亡密码

遗留的牙齿，能否成功提取墓主人 DNA？
高科技检测，又会带给我们什么样的惊喜？
海昏侯刘贺，黄金宝藏的墓主人因何死亡？
罕见孔子像，若干文物能否揭开死亡之谜？

## 从牙齿提取DNA鉴定，能否揭秘死亡密码？

内棺开启后，尽管各种珍贵遗存层层叠叠，却迟迟没有看到刘贺的尸骸。这倒也不奇怪，由于内棺早已破裂变形。长年泡在酸性地下水中，再坚硬的骨头也难免化为乌有。

经过仔细寻找，除了几块蜂窝状的腿骨和几颗牙齿外，再没有更多的发现。于是，刘贺之死更加影影绰绰、神秘兮兮。

考古人员希望借助先进的DNA技术，解读更多关于此墓的信息。

由于仅存的几块蜂窝状遗骨过于碎小，更多的希望都寄托在相对完整的牙齿上，专家把这仅有的牙齿拿去做DNA鉴定。

如果DNA检测能够成功，使用现代科技医学手段，是否就能揭开刘贺死亡的密码？所有人都把希望寄托在了DNA检测结果上面，可是一次次的实验，坏消息还是传来，由于刘贺遗骨保存条件太差，脱氧核糖核酸提取失败。于是，人们再一次把焦点汇聚在刘贺墓中那些庞杂的文物里。

保存较为完整的牙齿

考古专家给尸骸牙齿做DNA鉴

·死亡密码·

考古专家提取的尸骸腿骨

考古专家在清理内棺

139

海昏侯墓室谜团

青铜剑

## 刘贺至死没能享用金缕玉衣礼遇

发掘海昏侯墓已有 5 年的时间，这期间不断有琳琅满目的珍宝被发掘出来，并且发现了写有"刘贺"名字的玉印、刻有"昌邑九年"的鼎。经过长达 5 年的发掘，这个墓已经被确定为汉废帝刘贺之墓，在中国以及在全世界都引起了巨大的反响，但是刘贺的死亡原因至今仍然是个未解之谜。

断裂的玉器

在接下来的发掘中,考古人员能够寻找到答案吗?

海昏侯墓内棺的发掘现场,大大小小的玉璧、精巧鲜艳的漆盒、霸气外露的刀剑,无不令人感慨!

然而内棺西侧看似灰蒙蒙的块状物,引起了部分专家的注意,它们形状规整、整齐排列。它们会是什么呢?

141

## 海昏侯墓室谜团

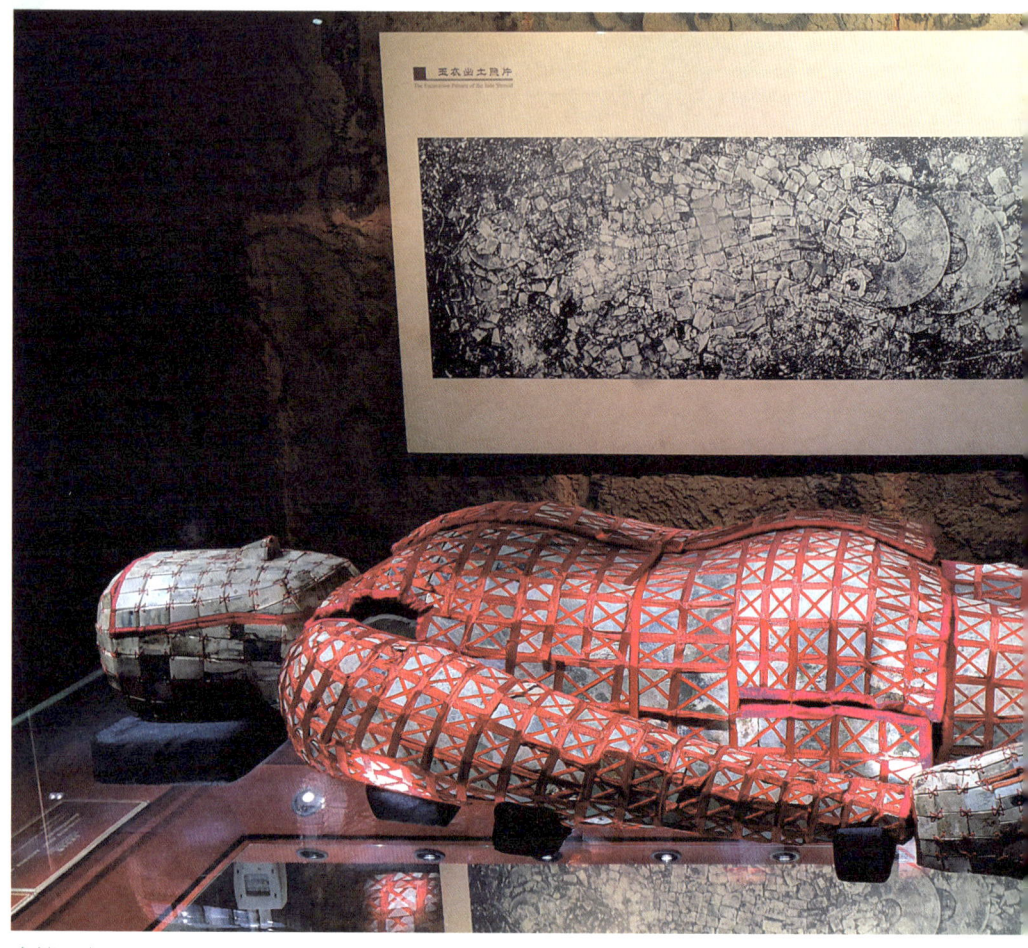

金缕玉衣

　　早在刘贺内棺开启前,人们就寄希望会出土金缕玉衣,因为此前的徐州狮子山、保定满城等西汉诸侯王墓葬中都出土了金缕玉衣。刘贺不仅当过昌邑王,更当过皇帝,何况刘贺墓中已经出土了大量高等级器物。

　　但有些意外的是,人们只看到这些紧

密排列的块状物，它们是否就是玉衣残片呢？

果然，专家们在缝隙间发现金缕痕迹。经过专业仪器检测，这些块状物却不是玉，而是另一种在汉代非常珍稀的材质——琉璃。这些金色也并非金缕，只是包裹在丝缕外的金箔。经考证，它们应该是铺在刘贺遗体下的一床琉璃席，它和成组玉璧、玉覆面等覆盖死者全身，同样起着保护遗体、安抚亡灵和彰显富贵的作用。

一向被认为随心所欲、追求奢华的刘贺，其丧葬规格却严守等级，没有逾制。毕竟这位前王前帝去世时只是个列侯，无论他多么渴望，也没敢享用金缕玉衣这最高礼遇。

墓主人是刘贺已经确信无疑，琉璃只是进一步证明了刘贺的身份，那其他的文物中还有什么线索呢？发掘仍在继续，但是文物的清理以及文字解读分析也在同步进行，那里会不会提供什么线索呢？

海昏侯墓室谜团

## 辨析简牍，揭秘刘贺返京祭典心愿

### 酎金难献，永失政治权利

在出土的大量金饼中，有四枚金饼分别存在墨书字迹。由于干裂破损，辨析简牍大费周折，它们是："南海海昏侯臣贺元康三年酎金一斤"。"元康三年"是汉宣帝年号，这一年刘贺刚刚被封为海昏侯。

"酎金"是汉代酎金制度的见证，每年皇帝举行宗庙祭典时，各地王侯必须按封地人口比例上缴礼金。但凡缺斤少两、粗制滥造者，轻则削爵，重则灭国。也就是说刘贺墓中的金饼原本是献给汉宣帝的，那么，它们为何留存在了刘贺墓中呢？

史书记载，汉宣帝封刘贺为海昏侯，

皇帝宗庙祭典

带有墨书字迹的金饼

考古专家辨析金饼简牍

给他四千户封邑的同时,也宣布了他不必每年进京参加祭典。表面上看这是好意,以免身体欠佳的刘贺跋山涉水、旅途劳顿,但背后却另有深意!

这实际上就是取消了他参加宗庙祭祀的资格,剥夺了他在朝廷中的政治权利。由此可见,刘询还是不信任这位前任皇帝。

此时,刘贺已经被废10余年,他本想靠酎金赢得汉宣帝的好感,靠参加祭典返回政治舞台,没想到汉宣帝并不领情。

那此后的刘贺怎样呢?史料没有记载。

被浸泡在泥水中的竹简

## 冒死上书返京朝拜

　　国家文物局下文对这批简牍的清理保护作出专门的指示。因为竹简木牍中承载大量文字信息，所以被专家们尤其看重。然而因为此地偏酸性的土质，加上地震和水淹的侵扰，这批竹简保存环境并不理想。

　　对它们的清理从保护开始，首先它们被浸泡在特殊的药水中进行加固，被小心翼翼地浸泡数月，待时机成熟，才能进行下一步清理工作。

　　简牍的清理需要非常耐心和细心，考古人员的力道也非常讲究，要下手柔和，还得顺势而行。分离出来的竹简会被浸泡在纯净水中，然后逐一扫描，等待释读。

· 死亡密码 ·

竹简的清理保护

147

古代竹简木牍

经过认真细致的清理和释读，在海昏侯墓出土的几千枚竹简木牍中，考古人员发现了刘贺夫妇分别给汉宣帝和皇太后的奏折。其中几片木牍断断续续写着："南藩海昏侯臣贺昧死再拜上书言""再拜为秋请""元康四年"等。元康四年（公元前62年），正是刘贺就任海昏侯的第二年，他又冒死向宣帝申请，参加秋季进京朝拜的活动，即所谓"秋请"。

可以想见，刘贺心有不甘，不断上书求见。他对朝见帝位，重返长安仍然抱有期望。只可惜这只是他的一厢情愿，直到去世，也没有实现这一梦想。最后，只好把金灿灿又翘首以盼的梦想全部带进了坟墓。

问题是，刘贺的冒死求见，其动机很可能引起怀疑，甚至真的招来杀身之祸。难道他真是一位自不量力、天天幻想翻案的昏人吗？

刘贺夫妇分别给汉宣帝和皇太后的奏折

海昏侯墓室谜团

孔子雕像

## 克己复礼，以求自保

### 铜镜背板的孔子像及题记

在海昏侯主墓室西侧的淤泥中，曾经出土一块半米多高的漆木板，上面绘有文字和一组人物画像。通过对一旁题记的解读，人们发现，画中人物居然是孔子及其弟子。这一发现很快引起轰动，这是迄今发现的最早的孔子像，与当今流传的孔子像差异明显。

孔子画像分为上中下三部分，上部分描绘的是清瘦、长胡子、身着长袍的孔子形象，最前方就是他最得意的弟子颜回的形象。

为了妥善保护这件稀世珍宝，防止漆木脱水开裂，文保人员把它们整体浸泡在净水中。不久，人们又发现一块与漆木同等大小的长方形铜板。原来铜板与漆木是一个整体——一件大型铜镜。铜板是镜面，绘有孔子像的漆木是背板。

铜镜背板的孔子和弟子画像

在背板的题记中，孔子对颜回说："用之则行，舍之则藏。"意思是受重用时就积极进取，被舍弃时就韬光养晦。刘贺把如此大道理描绘在镜子上，以此为鉴，就是提醒自己照照镜子，三省其身，如有教训，引以为戒。

显然，刘贺把孔子的教诲当作座右铭：当初做皇帝时没有抓住机会，得意忘形，招摇过市。如今被弃之如敝屣，若不谨言慎行，早晚还会大祸临头。

虽然刘贺处处谨小慎微，但他的满腔热血郁结于心，很难做到滴水不漏。

从刘贺幕中出土的带有儒家色彩的文物来看，刘贺希望向世人传达一种他恪守君臣之道，同时带有一些自保色彩的因素。

·死亡密码·

拼接带有孔子像的背板

铜镜背板的孔子像（效果图）

铜镜背板的颜回像（效果图）

从他随葬墓中的竹简经文上看,刘贺也并非胸无点墨、才疏学浅,甚至当初被废黜帝位时,他也能当场引用《孝经》来质问霍光:"昔者天子有争臣七人,虽无道,不失其天下。"意思是"今天我被废黜,是因为你们这些做大臣的没有一个是忠臣,责任在你们"。说明那个时候他18岁,已经把这些儒家经典掌握得非常熟练。同时也表明,虽然刘贺表现得荒唐不羁、不分尊卑,但是脑子里对时局政治还是十分清醒的。

不甘寂寞的刘贺天天想着"克己复礼",内心何等纠结。这种纠结,甚至体现在他的印章上。

孔庙

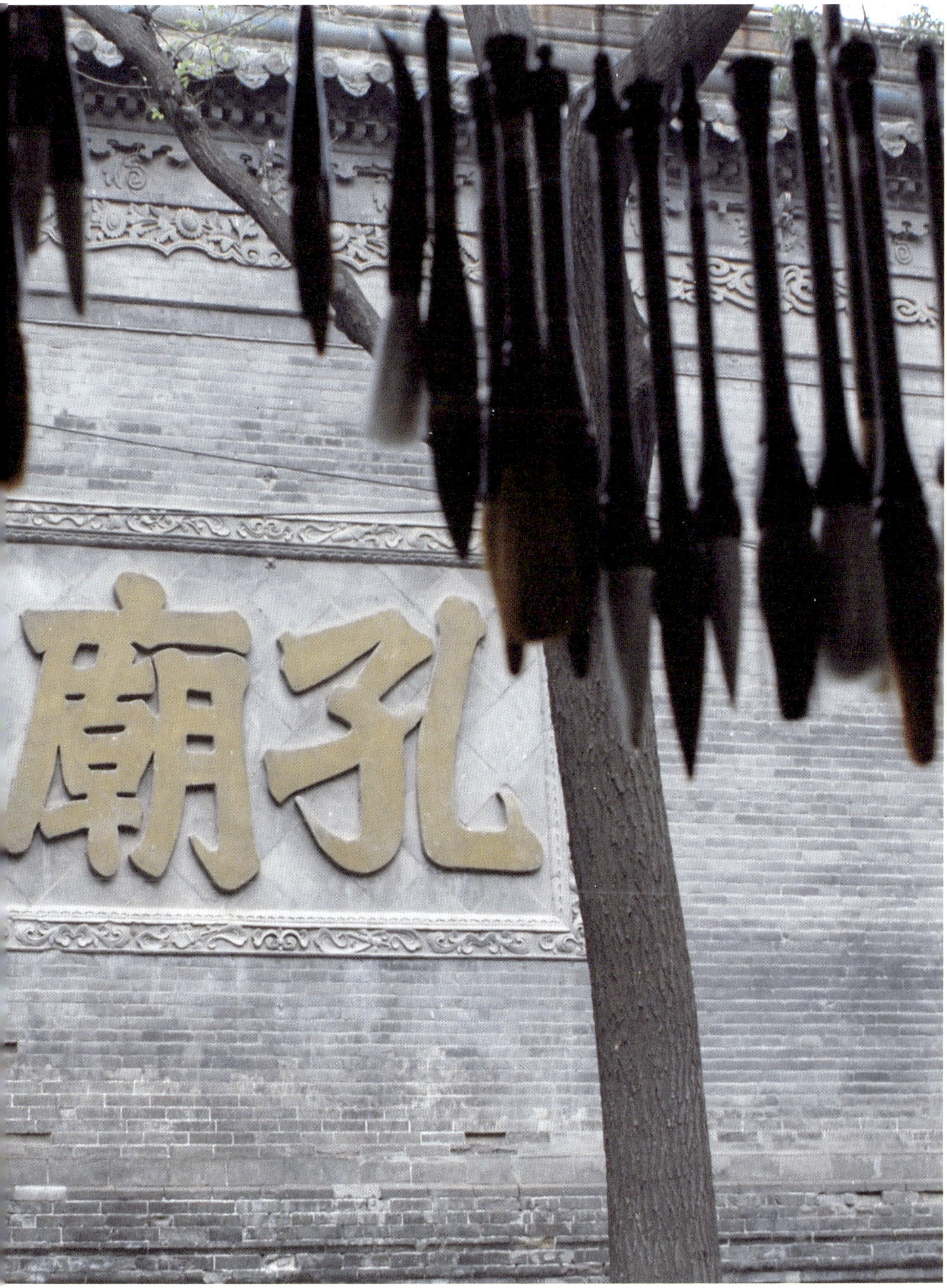
孔廟

## 枭图印章蕴含深意

刘贺墓中发现的"大刘记印"和无字印都为龟纽，合乎规制。但刻有刘贺姓名的印纽却出人意料：张扬的翅膀、外凸的眼睛、内勾的尖喙，犹如一只猛禽。

有学者认为，它是一只猫头鹰，古时称"枭"。在山阳太守张敞向汉宣帝的禀报中，有一段他与刘贺的对话。

张敞问：从昌邑到长安的路上，有没有看到枭？刘贺答：去的时候很少见到，

刻有"枭"图案的刘贺玉印

被古人看作邪恶与不祥之鸟的枭

回来的时候见到许多。

　　这段对话，前后没有任何关联，非常突兀。皇帝日理万机，臣下在奏章中不可能东拉西扯、语焉不详，一定蕴含着某种深意。如今，枭为何又出现在刘贺的印章上？

　　枭，被古人看作邪恶与不祥之鸟。可能的推测是，刘贺时时刻刻都在提醒自己既不要为邪恶所左右，也要小心被邪恶所害。尤其在启用自己的印章时，更要念念不忘。

汉代青铜镜

死亡密码

西汉青铜枕

西汉烹饪用的铜鍪

西汉盛酒器具铜卮

　　至少在表面上，刘贺又沉浸于钟鸣鼎食、觥筹交错的生活中。于是，在海昏侯墓中，出现了大量高规格的生活用品：结构巧妙的雁鱼灯、体形硕大的青铜火锅、制作精湛的青铜镜等，它们都有使用的痕迹。在存放酒具的墓室中，除了大量青铜酒器，还有一套大型蒸馏器。假如它们是造酒器具，将把中国有实物证明的蒸馏酒技术大大提前。那件工艺细腻的提梁卣，制造于西周，说明当时的刘贺还迷恋收藏。

159

海昏侯墓室谜团

## 📷 身遭监禁仍心存幻想，被罚削食邑三千户

　　事实上，通过对海昏侯封地紫金城的深入考古，学者们发现，尽管刘贺锦衣玉食、富甲一方，但他并没有行动自由，只能躲在小城里面。这个小城修在大城里面，只有一个门，而且

古代城墙遗址

非常结实，这显然是为了对他进行了严格的看管和监视。在此次出土的木牍中，就发现了郡守写给朝廷的奏折，告发他如何的荒唐不堪。发回来的奏折有皇帝的警告，大概意思是你要老老实实，郡政府都对你不满。

当时霍光实力已经被清除，很多贵族身份都恢复了，刘贺自以为汉宣帝会念及叔侄情分，于是抱有一丝幻想。

汉代兵士车马雕像

据《汉书》记载，一次刘贺与当地官员孙万世闲聊。孙万世问，你当初为什么不坚守在未央宫，杀掉霍光？反而任由霍光夺取你的玺绶呢？刘贺回答，的确如此，当时错失了机会。孙万世又认为刘贺不久就会升任豫章王。刘贺并不否认，但提醒孙万世不要到处宣扬。虽然刘贺吞吞吐吐、欲言又止，但寥寥几字，依然能看出他并不甘于现状。

没想到，刘贺的想法传到了汉宣帝的耳中，引起了汉宣帝的不满。他下令立即彻查，结果属实。于是，宣帝下诏，将刘贺由原来封的食邑四千户削去三千户，以示惩戒。

在汉代，这算谋反大罪，都要兴起大狱。而在相关资料当中，只提到削减三千户食邑，而对孙万世怎么处罚却只字未提。专家认为，这很可能是郡守给刘贺搞的一个政治陷害，刘贺没有政治经验，就跳进陷阱里了。

《汉书》记载刘贺与官员孙万世的对话

## 33岁突然离世，死因有待探寻

遭此变故，刘贺一蹶不振，他泛舟江上，对着浩浩江水愤慨而吼，宣泄压抑的心情。后来，豫章江宽阔的河口便被称为"慨口"。

史书记载中的刘贺，一生颇具戏剧性：作为汉武帝的孙子，他自幼生长于王府之中，做了13年的昌邑王；19岁时被立为皇帝；短短27日后，又被废黜，而后回到故乡；31岁时，被汉宣帝封为海昏侯，远迁江西

南昌，3年后逝于当地。

享尽荣华富贵的皇族子弟，却在33岁就英年早逝，不禁让人唏嘘！

史料记载刘贺的去世非常突然，仅留下"后薨"二字做简单记录，前后没有任何相关交代。刘贺究竟是怎么死的？是患病，还是意外？

一系列珍贵文物的发现，虽然让人们更加了解刘贺的一生，但是探究刘贺的死亡之谜，考古专家还没有找到最终答案。

考古并没有停止，刘贺墓的发掘还在继续，考古专家在接下来的发掘中，又会寻找到什么？他们能够探寻到刘贺死亡的真正原因吗？

汉代烽燧遗址

**青铜博山炉**

焚香器,因其造型像传说中的海上仙山"博山"而名博山炉。据专家称,当炉腹内燃烧香料时,烟气从镂空的山形中散出,有如仙气缭绕,给人以置身仙境的感觉。这是西汉时期常用熏香器具,可用来熏衣、熏被,以除臭、避秽。

# 考古奇观

不腐香瓜子，残留墓主人体内2000年。
是蓄意谋害，还是意外的食物中毒而亡？
追踪香瓜子，考古人员发现蛛丝马迹。
剥茧抽丝，探寻海昏侯死亡真正秘密。

## 墓中惊现 2000 多年不腐香瓜子

海昏侯墓已经发掘了 5 年，考古工作仍在继续。这一天，负责海昏侯墓实验室考古的专家在提取一件玉器时，突然发现了一些异样：在玉带钩的下方，堆积了相当数量的小颗粒。这些小颗粒究竟是什么东西呢？考古所马上召集专家，提取小颗粒，送去检验。检验结果显示，这些小颗粒是香瓜子。

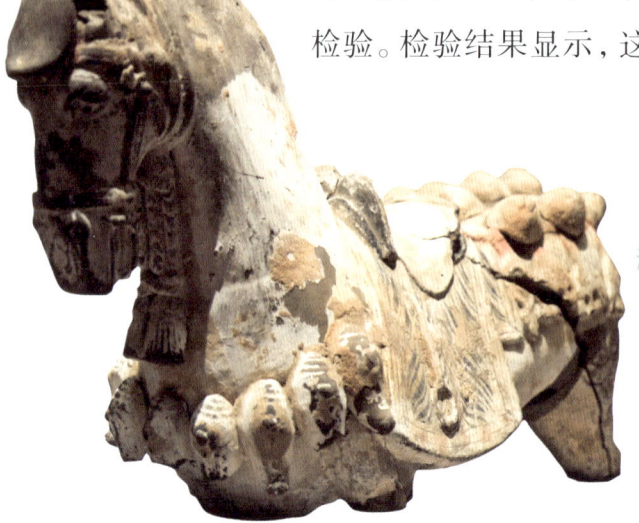

汉代陶俑陪葬品

在墓中发现的香瓜子

考古学家在清理文物

考古专家在提取玉器

让考古队员惊叹的是，这些香瓜子经过2000多年的时间，竟然保留得如此完整。专家们分析，在物流和育种技术还不发达的2000多年前，这种瓜果成熟的季节应当就是墓主人死亡的时候。

刘贺是怎么死亡的？会与香瓜子有一定的关联吗？循着香瓜子这条线索，考古人员继续搜寻，结果出乎所有人的意料！

在墓中墓主人的食道、胃部、臀部等对应位置都发现了香瓜子。这些香瓜子竟然2000多年未腐，居然比人骨还要耐腐，这究竟是什么原因？这些香瓜子会是导致刘贺死亡的真凶吗？

围绕着刘贺之死的种种猜想，一直无从查找。这次开棺，今人有了一次难得的解谜机会。莫非这些香瓜子真的跟刘贺的死有不可分离的关系？

## 🌱 是意外食物中毒，还是被蓄意谋害？

墓中发现存世2000多年的瓜子，这让江西省考古研究院的考古专家们很快想起了江西境内的另一座古墓，那里也曾发现过香瓜子。

就在离海昏侯墓只有几十千米的靖安县，曾经发现一座东周大墓，墓坑中居然有47具棺木，这是我国迄今发现的"一坑多棺墓"之最。更奇异的是，死者都是20岁左右的妙龄女子，她们胃中也发现了香瓜子。据推断，她们都是吃了有毒的香瓜而同时死亡的。很显然，有人出于某种目的故意在香瓜中下了毒。

那么刘贺的死亡原因是什么呢？如果香瓜是罪魁祸首，那么刘贺究竟是意外食物中毒，还是被人蓄意谋害呢？刘贺体内的香瓜子为何分布在消化系统的不同部位？

人吃东西到胃里以后，胃通过收缩蠕动将食物送入十二指肠，食物从胃全部到十二指肠，大概需要4～6小时，这个时

靖安中华传统文化园

江西夏季常吃的香瓜

间段叫胃排空时间。从刘贺体内整个香瓜子的分布，给考古专家们提供了很重要的线索——他肯定是突然死亡的。

突然死亡，是刘贺命运的大结局。那么导致他生命彻底终结的突然，是纯属巧合还是另有玄机？

靖安大墓中的花季少女，海昏侯墓中的青年刘贺，虽然相差几百年，但他们同处长江以南的豫章郡，是否也同样死于某种甜蜜的毒药呢？果然如此的话，谁是凶手？

海昏侯墓室谜团

仿古代建筑

海昏侯主墓出土的玉勒子

## 刘贺之死是否与汉宣帝有关？

**宣帝忍辱负重，皇权来之不易**

当年剥夺刘贺皇位、杀光刘贺属臣的人是大将军霍光。面对刘贺可能的复仇，霍光要斩草除根并不奇怪。但霍光比刘贺早死9年，曾经的恩怨情仇，或许早已了断。那么，一个被废黜的前皇帝偏居一隅，会妨碍谁？又会对谁构成威胁呢？

在古代，皇帝不仅是至高无上的统治者，通常也是阴谋、宫斗甚至杀戮的对象。有学者统计，中国古代皇帝被杀率高达30%，有半数以上的皇帝活不过40岁，即使被废黜的皇帝也难能颐养天年。

刘贺被废黜后，又一位势单力薄的年轻人刘询被霍光扶上帝位。不同的是，刘询虽然比刘贺小一岁，却更加老练。

古代建筑

刘贺登基前，是养尊处优的昌邑王，上无长辈约束，下不听属臣规劝，颐指气使，简单幼稚；而刘询的祖父刘据虽然是汉武帝的嫡长子，却被人诬陷蒙冤而死，他的亲属子女也都株连被杀，唯独襁褓中的刘询幸免于难。因此，孤儿刘询从小徘徊于市井，既体验过人间冷暖，也看到过官场厚黑，所以他对世事人情都非常清晰。这一点和刘贺形成鲜明对比。此外，刘询从小就受到了很好的儒家教育，所以能在复杂的政治局面中，冷静、有深度地处理好这些问题。

刘询称帝，马上对霍光家族大加犒赏。霍光还政给他，刘询不但拒绝，反而事无巨细都向霍光请示报告。表面上看，这是对霍光的信任与肯定。但一个细节耐人寻味：在霍光陪刘询前往告庙仪式的路上，刘询在车上坐立不安，如同后背扎了刺。

霍光在世期间，汉宣帝对霍光言听计从、胆战心惊，他畏惧霍光手中功高盖主的权力，生怕自己稍不小心，就会变成第二个刘贺。他同样也想收回皇权，但他懂得小不忍则乱大谋，于是他处处隐忍，低眉顺目，甚至违心接受霍光的女儿为皇后。

《汉书》记载刘询对霍光处处隐忍

《汉书》记载，刘询称帝后马上对霍光家族大加犒赏

海昏侯墓室谜团

汉代建筑

直到霍光终于去世，宣帝先是按照皇帝规格厚葬霍光，刘贺墓中没有的金缕玉衣、黄肠题凑等，霍光墓中却一应俱全。紧接着，他就开始清算霍氏。两年后，苦心经营多年、权倾一朝的霍氏家族就因谋反之罪被满门抄斩了。此时，汉宣帝刚刚25岁。正在山东的刘贺只能自叹弗如、望尘莫及了。

尽管如此，刘贺毕竟当过皇帝，毕竟也不到30岁，何况刘贺居住的昌邑国经济发达，交通便利。对汉宣帝来说，在他踌躇满志的执政路上，任何可能的威胁都不允许变成真正的障碍。刘贺的命运是否和汉宣帝有关呢？史书记载，汉宣帝确实对刘贺存有戒心，但对这个前任皇帝的处理手段要微妙得多。

### 被宣帝恩威并施，遭受监视无人身自由

此时，刘贺所在的昌邑国已经变成了山阳郡。霍光刚刚去世，汉宣帝就派来一位太守张敞，并发给他一封密信："谨备盗贼，察往来过客，毋下所赐书。"

这封玺书的内容很简单，前面的"谨备盗贼"指的是防备有一些盗贼在这里为非作歹。但是下边那句"察往来过客"很耐人寻味，往来的过客为什么要防备？后边的"毋下所赐书"，就是不要把信的内

《汉书》记载太守向汉宣帝禀报刘贺情况

容透露出去。那就说明，这封信是具有深意的。

据以上分析，可以得出一个结论：汉宣帝让张敞向他汇报他所监视的刘贺在昌邑国的生活状态，平时接触哪些人，而且让其保密不许透露消息。由此可见，汉宣帝是一个很深沉、处理事情谨慎，而且很有心计的人。

于是，张敞派人混进刘贺的府第，时刻监视刘贺，甚至亲自登门探访，然后把自己的观察、分析向汉宣帝详细禀报："昌邑王二十六七岁，脸色很黑，小眼睛，身材高大，行走不便。刘贺府第的大门总是关着，很少有外人进出。府第有一个小门，只有一个差役外出采买食物，此外不得出入。"

古代建筑

海昏侯墓室谜团

海昏侯遗址公园

虽然拥有昌邑国的财富，但刘贺完全没有行动自由，这种遭监禁的生活让他几乎与外界隔绝。张敞还说："据臣下观察，刘贺早已不是当年那个轻狂任性的人了，他的言语和举动白痴呆傻。"

刘贺真的万念俱灰、萎靡不振了？还是吸取了教训，成为韬光养晦、装疯卖傻的"宅男"，故意展现给张敞一个假象？

显然张敞对刘贺充满同情，他是一个极其聪明的人，他对汉宣帝避而不谈刘贺政治上的荒唐行为，而只是说他脑子已经昏乱，身体也不行了，让汉宣帝对他放心。刘贺之所以没有死在昌邑王的宫中，而且最后还被封了海昏侯，和张敞有直接关系。

汉宣帝心中的石头暂时放了下来，刘贺躲过一劫。

汉宣帝见刘贺这种状态，不能对自己造成威胁，这才在他被贬回昌邑国11年后，重新赐封他为海昏侯，食邑四千户。

这样看来，宣帝没有加害刘贺的必要，看来刘贺之死应该另有原因。

## 剥茧抽丝，探得刘贺死亡真正秘密

**辛追夫人千年不腐之尸成为重要线索**

对于刘贺的死因，那些可疑的香瓜子再度引发人们的联想。如果有人下毒，在他香瓜里面放毒，他应该当场就死掉了，瓜子最多就停在胃里面，可是根据香瓜子在他食道、胃部、十二指肠等部位的分布来看，他并不是吃了香瓜马上死去的。

巧合的是，位于湖南长沙的马王堆汉墓中，辛追夫人的遗体内也发现了一百多粒香瓜子，与刘贺体内的香瓜子十分相像。看来，小小香瓜曾经在长江流域广受欢迎，但甜蜜之中也时常置人于死地。不同的是，辛追夫人千年不腐的尸体为科学研究提供了更直接的依据。

医学专家经过解剖推断，辛追夫人可能是吃了生冷香瓜后引发胆绞痛，由此诱发冠状动脉痉挛而猝然死亡。但辛追毕竟年老体衰，年纪轻轻的刘贺也会如此弱不禁风吗？

要想找寻到刘贺死亡的答案，看来只能继续回到墓葬中寻找。

辛追夫人千年不腐之尸

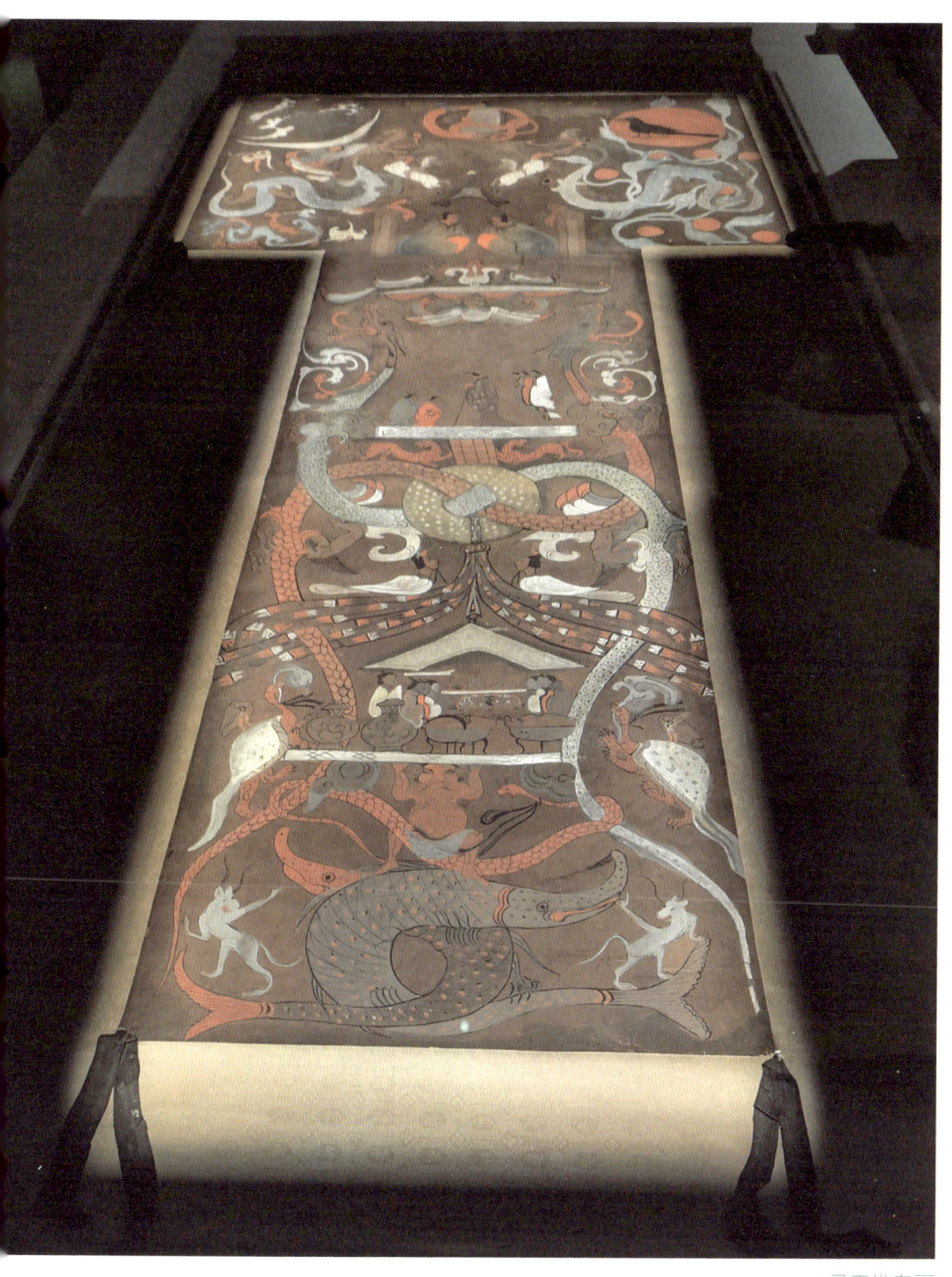

马王堆帛画

海昏侯墓室谜团

### 出土文物佐证刘贺身体羸弱不堪

当年张敞对汉宣帝的禀报，如果没有故意夸大病情，那刘贺当时应该是已经病入膏肓了。专家以此推断：刘贺面色发黑发暗，很可能有肝病；另外说他行走不便，言语白痴呆傻，这就是典型的脑血管堵塞所造成的。正是这种状态，让汉宣帝对他网开一面。刘贺当了11年庶民后，汉宣帝封他为海昏侯，食邑四千户。

元康四年（公元前62年）时，汉宣帝

今天的江西南昌繁华景象（西汉时期的豫章郡）

采取了一个很得人心的办法。从汉景帝、汉武帝时代，很多的王侯，他们犯了罪以后，地位被削除了，他们的子孙完全都是平民了。汉宣帝宣布把他们一一都找到，恢复他们的贵族身份。给刘贺封为海昏侯的待遇，和当时他的政策是吻合的。

问题的关键是，汉宣帝为何没有把昌邑王的封地还给刘贺，哪怕降格为昌邑侯也好，反而把刘贺赶到"地势下湿、山林毒气"的豫章郡？有学者推算，西汉末年，豫章郡全郡每平方千米仅有2.12人，一片蛮荒。

这正是汉宣帝的高明之处，即在政治上杜绝了隐患，又送了个人情，一举两得。

海昏侯墓室谜团

黄帝内经

漆盘底部写着"医工五禁汤"

多么精明的政治手腕，当刘贺对汉宣帝感恩戴德时，他已经被防患于千里之外了。宣帝对刘贺恩威并施，刘贺到底怎么死的，似乎只能在蛛丝马迹中大海捞针了。

在海昏侯墓数量庞杂的文物中，有一件貌不惊人的漆盘，其底部写着五个字：医工五禁汤。

医工，医生的古称。"五禁汤"应该是一种汤药的名称。《黄帝内经·灵枢·五禁》有"肝病禁辛，心病禁咸，脾病禁酸，肾病禁甘，肺病禁苦"的说法，即为"五禁"。然而，如果酸甜苦辣咸皆不能沾，刘贺墓中那些让老饕们啧啧称奇的炊饮用具和觥、觞、卣、壶岂不失去了用武之地？

有学者分析，漆盘上的"禁"字模糊不清，应该是"蘖"字。蘖是树木被砍后长出的新枝，"五蘖汤"其实就是民间所说的"五枝汤"，可以祛风散寒，扶正固本，正好与刘贺行走不便、面黑目小的病态相对症。

出土的文物当中有两个铜的臼,考古专家怀疑是捣药用的药臼。另外在刘贺的粮库当中,发现了五味子这个草药,还发现了一盒冬虫夏草,专家推断刘贺肯定是身体非常不好。

在现代,虫草是一种十分名贵的药材,然而在2000多年前的西汉海昏侯墓中,竟然发现虫草实属罕见。据考古人员称,墓内虫草出土时,装在一个漆木盒内,虫草外形与我们现代的虫草基本一样。这足以说明,西汉时期,虫草很可能已成为名贵滋补药材。

在我国,冬虫夏草仅产于青藏高原3500~5500米的高海拔地区。虫草的出土可以说明,西汉时期的海昏侯国与虫草产地已有贸易往来。

冬虫夏草

· 考古奇观 ·

墓出土捣药用的青铜药臼

深埋地下两千年的冬虫夏草

墓葬中发现用漆盒装的冬虫夏草

189

### 刘贺之死，水落石出

结合刘贺墓中出土的医书和竹简《五色食胜》，专家发现刘贺不是吃药就是进补。这说明生于北方的刘贺，在气候阴湿的南方生活，很有可能会出现了水土不服的情况。恰巧刘贺爱吃的香瓜，成熟在潮湿炎热交加的季节。加之刘贺本身孱弱多病，而这个季节有害细菌种类多、繁殖快，稍有不慎身体很容易出现状况。

所以，他极有可能是因为吃香瓜出现了急性的胃肠炎，导致脑血管的相关疾病再次暴发，6～8小时后突然就去世了。

刘贺之死或许真的源于他未老先衰的身体状况，那些可疑的香瓜子只不过是引发急症的诱因。一旦急性胃肠炎爆发，刘贺那羸弱的身体哪经得起如此翻江倒海。

南昌汉代海昏侯国国家考古遗址公园

长信宫灯

他再也不可能迈进令他耿耿于怀的长安城了,也无法回到他的昌邑故国。如今,他的葬身之地名为南昌。

蹊跷的是,刘贺尸骨未寒,他的两个儿子也前后脚离开了人世,几乎无人可以世袭。于是,时任豫章太守上奏,建议除国。随后,汉宣帝经与大臣讨论研究,批示废除海昏侯国。

国已不存,刘贺囤积、继承和从宫中带出的所有高等级财物,没人再有资格享用,于是全部被埋入刘贺墓中。由此造就了2000多年后这座震惊中外的西汉大墓,它成为我国现今最完整的列侯墓园的标本。

## 沉睡2000多年的海昏侯墓，备受世人瞩目

### 众多国内外媒体现场报道

在历史上，海昏侯刘贺曾是一个上位只有27天便被废黜的皇帝，他是西汉历史上在位时间最短的皇帝，人们习惯性地称之为汉废帝。就是这样一位政治上毫无作为的皇帝，他的墓葬却在2000多年后的今天产生了巨大的影响。

国家文物部门调动了大量的人力物力，动用先进的考古发掘手段，对海昏侯墓进行抢救性发掘。历时5年，考古人员共勘探100万平方米，发掘了1万多平方米，清理出土各类文物1万多件。

从海昏侯墓穴发现被盗，到考古队员对墓穴进行发掘，再到大量文物出土，整个过程，一直吸引着社会各界人士的关注。

从开始，众多国内外重要媒体，每天到现场进行报道，整整50天时间，连线到现场做直播。还有大量的媒体做专题采访、专题节目，这是在任何考古现场都没有过的现象。

海昏侯墓出土文物

· 考古奇观 ·

## 发掘过程，高科技手段全程支撑

考古发掘时，除了考古专家，还有国内外各领域顶级专家加入其中，十多家单位跨学科进行合作，强强联手，一边发掘一边进行保护，从墓葬最初的发掘到后期的文物修复，运用了多种高科技手段。比如利用航拍、三维扫描等，能够随时为出土文物做全方位的精确记录和精心保护，这对延缓出土文物的腐败过程，也起了很好的保护作用。

海昏侯墓主墓的3D影像还原了发掘前的主墓，无论是空间位置还是结构划分，都让人们对主墓有了一个精确又形象的了解。这样一个影像的制作就来自科技人员在考古发掘过程中不断进行三维扫描。

复原图是航拍和三维扫描相结合的技

发掘过程中全程有高科技支持

术，产生的 3D 复原图，让人们非常直观地看到整个遗址的大场景的全貌，最重要的是为以后的科学研究、展示和修复保护打下了良好的基础。

技术人员在墓园中共设置了 9000 多个测绘点，哪怕是一个陶片的出土，也有属于它的三维坐标。

墓园发掘完了，可能原来的地表就不存在了，考古专家通过这些测绘点可以还原原来未发掘时的地表情况，可以研究当时汉代和现代的地面情况。

目前主墓、5 号墓、车马坑等多个区域考古时都进行了三维扫描。有了这样立体和准确的信息搜集，为文物的保护、修复和遗址的展示都提供了科技上的支撑。

海昏侯国国家遗址公园

### 精准修复让文物重生

不仅是发掘过程中，在文物保护和修复过程中，考古人员也运用了多项现代科技手段。在海昏侯墓的车马坑出土了一批车马器，虽然历经2000多年，车马的木质结构已经腐朽，但是一些金属质地的构建和配饰还保留着，只不过这些金属器表面也受到了不同程度的腐蚀，出土的时候已经难辨原貌了。

金属器发掘提取出来之后，沾满泥土，无法确认上面是否有纹饰。通过使用探伤的方法照X光，就可以透过泥土看到金属器上的纹饰。

借助能谱仪等设备和手段，车马坑中的部分金属器已经得到修复，细小的车马饰件上精致的花纹和图案都清晰可见，其精美程度更是令人叹为观止。如今，海昏侯汉墓的主墓已经发掘完毕，而漫长的文物保护和修复工作仍在继续。

西汉的墓葬大多"十墓九空"，而海昏侯墓主棺不仅躲过了历代盗墓贼的黑手，而且在今天，经过现代科学技术的修复之后，墓中1万多件随葬品陆续复活，这些文物不仅是稀世珍宝，更将成为解读西汉历史的有力证据，这使得海昏侯墓在中国乃至世界产生了重大的影响力。

汉代马车

图书在版编目（CIP）数据

海昏侯墓室谜团 / 科影发现编 . -- 北京：中国科学技术出版社，2023.6（2024.2 重印）
（博物馆里的考古大发现）
ISBN 978-7-5236-0154-9

Ⅰ.①海… Ⅱ.①科… Ⅲ.①汉墓—考古发掘—南昌—通俗读物 Ⅳ.① K878.8-49

中国国家版本馆 CIP 数据核字 (2023) 第 066206 号

| 策划编辑 | 徐世新 |
|---|---|
| 责任编辑 | 向仁军 |
| 封面设计 | 锋尚设计 |
| 正文版式 | 玉兰图书设计 |
| 责任校对 | 张晓莉 |
| 责任印制 | 李晓霖 |

| 出　　版 | 中国科学技术出版社 |
|---|---|
| 发　　行 | 中国科学技术出版社有限公司发行部 |
| 地　　址 | 北京市海淀区中关村南大街 16 号 |
| 邮　　编 | 100081 |
| 发行电话 | 010-62173865 |
| 传　　真 | 010-62173081 |
| 网　　址 | http://www.cspbooks.com.cn |

| 开　　本 | 710mm×1000mm　1/16 |
|---|---|
| 字　　数 | 123 千字 |
| 印　　张 | 12.5 |
| 版　　次 | 2023 年 6 月第 1 版 |
| 印　　次 | 2024 年 2 月第 2 次印刷 |
| 印　　刷 | 北京瑞禾彩色印刷有限公司 |
| 书　　号 | ISBN 978-7-5236-0154-9/K・364 |
| 定　　价 | 88.00 元 |

（凡购买本社图书，如有缺页、倒页、脱页者，本社发行部负责调换）